イエスは何語を話したか？

新約時代の言語状況と聖書翻訳についての考察

土岐健治・村岡崇光

教文館

新版へのまえがき

一年ほど前に、教文館の渡部満さんから、拙著『イエス時代の言語状況』の新装版を出版する意向を打診された。四〇年近くも前にまとめた、文字通り拙いものを、このような形で再刊（復刊）することは、全く予想外であり、ためらいと恥じらいを感ずるが、結局ご好意をお受けすることにした。同じ一九七九年に出した『新約聖書ギリシア語初歩』は（改訂を繰り返しながら）今なお現役であり、同年の著者の処女作である二書がこうして出そろうことに、いささかの感慨を禁じ得ない。

どのような形の新装版とするか、教文館と相談を重ねた結果、ご覧頂いているようなものとなった。一九七九年版の内容は、基本的にそのまま収録したが、若干の加筆と最低限度の修正を施した。日本の聖書学界において、ここ二、三〇年ほどの新約聖書本文批評学の流れ（動向）とその成果が、ほとんど（全く）顧みられ（紹介され）ていない現状を顧慮して、新たに「付論2」を書き下ろした。

さらに、新装版の初校の段階で、編集者として準備を進めていた（他の出版社から刊行の予定だった）『聖書翻訳史論文集』の企画を取りやめることになったのをうけて、同企画に収録する予定で（私からお願いして）寄稿して頂いていた村岡崇光先生の論攷をも、急遽こちらに転載することとなった。これを了承して下さった、教文館と村岡先生に、お礼申し上げます。

それに伴って、本書は共著の形をとることになったが、筆者の執筆部分については村岡先生は関与することなく、一〇〇パーセント土岐の責任になることを、明記しておく。また全体として表記などの統一ははからなかった。

「付論2」のエッセイについては、畏友・佐藤研氏の協力を得ることができた。佐藤氏は、このエッセイの原稿に丁寧に目を通して、筆者からの疑問や懸念に対して、誠実に応答して下さった。これによって、このエッセイが単なる一方的な批判となることなく、より一層内容を充実されたものと思う。佐藤氏は初校もチェックして下さった。この部分についても、最終責任は筆者にある。

なお、原著のまえがきで予告しておいた「ラビ文献への手引き」は、一九九四年に出版された『初期ユダヤ教と聖書』（日本基督教団出版局）の第三章「ラビ文献概観」として公表されている。同書はオンデマンド出版（あるいは古書）として入手可能。

最後に、新装版の企画の段階から、面倒な編集の任にあたって下さった、教文館出版部の髙橋真人さんに、お礼申し上げます。本書もまた、ここにお名前を挙げなかった方々も含めて、多くの恩師・友人・知人の変わらぬご好意と友情の証であることを心にとめ、それにふさわしいものとして受けとめられることを願います。

二〇一六年　桜の散る季節に

Nipponia nippon　土岐　健治

一九七九年版まえがき

イエス御自身とその弟子たちとはどのようなことばで互いに語り合い、また民衆と語り合ったのであろうか。すべての聖書の読者が抱くであろうこの素朴な問いに、残念ながらわれわれは明瞭な答えを与えることができない。

イエスがどのようなことばを語ったかを問うことは、学問的には必ずしも実りあることではないと筆者は考える。むしろ、イエスの時代のパレスチナの一般的な言語状況をたずね、その過程で得られた資料を基礎として新約聖書の背後に予想されるセム語伝承を取りあげ、同時に新約聖書のギリシア語の解明に努める、というような道を考えるべきである。本書の前半はその第一の課題に答えようとするものである。事柄の性質上、また類書が皆無であるという日本の状況を考慮して、資料の列挙に重点を置く結果となった。セム語に手薄な筆者がこの課題にどこまでよく答えうるかおぼつかない。本稿がこのテーマに対するさらに優れた研究を生み出す誘い水となることをひたすら願う者である。（最近J. A. Fitzmyer and D. J. Harrington, *A Manual of Palestinian Aramaic Texts*〔*Second Century B.C.—Second Century A. D.*〕Biblica et orientalia 34〔Rome: Biblical Institute Press, 1978〕が出版された。筆者未見のこの資料集は、本書第一論文第三章で言及した資料のほとんどすべてを含むものと思われる）。

第二の論文は、福音書に伝えられているイエスのことばの解明を目ざしたものである。新約聖書の中にはギリシア語原文の意味の不分明な箇所が少なくない。われわれはこのような箇所の一つに対して文献学的なアプロウチを試みた。

なお、本書はもともと「ラビ文献への手引」なる稿をも含むものとして企画されたが、脱稿後出版社の勧めにより、同稿のみは別の一書として上梓されることとなった。本書の中に見出されるラビ文献への言及について、ラビ文献になじみの薄い読者は、近刊予定の拙著を参照されたい。

本書執筆にあたって、イエズス会神学院の小林稔神父より上智大学神学部図書館の利用について、また南山大学教授ユリウス・アブリ神父より神言神学院図書館の利用について、特別の便宜を与えられた。彼らの好意ある援助なくしては本書の執筆は不可能であったことを覚えて、感謝の意を表するものである。

第二論文のテーマは、教文館出版部に勤務する畏友木村久氏によって与えられたものである。第一論文のテーマも同氏との対話の中で生まれてきた。したがって筆者はこのつたない小冊を木村氏に献げたいと思う。

一九七九年八月

土岐　健治

略　号　表

ASTI	*Annual of the Swedish Theological Institute*
BA	*Biblical Archaeologist*
BZAW	Beihefte zur *ZAW*（Berlin）
CBQ	*Catholic Biblical Quarterly*
CIJ	*Corpus Inscriptionum Judaicarum*（Vols. I–II, 1936–1952）
CPJ	*Corpus Papyrorum Judaicarum*（Tcherikover and Fuks, Vols. I–III, 1957–1964）
DJD	Discoveries in the Judaean Desert（of Jordan）（Oxford, 1955–　）
IEJ	*Israel Exploration Journal*
JAOS	*Journal of the American Oriental Society*
JBL	*Journal of Biblical Literature*
JJS	*Journal of Jewish Studies*
JNES	*Journal of Near Eastern Studies*
JSS	*Journal of Semitic Studies*
JThS	*Journal of Theological Studies*
NovTSup	Novum Testamentum Supplements（Leiden）
NTS	*New Testament Studies*
RB	*Review Biblique*
RdQ	*Revue de Qumran*
TS	*Theological Studies*
VT	*Vetus Testamentum*
ZAW	*Zeitschrift für die alttestamentliche Wissenschaft*
ZNW	*Zeitschrift für die neutestamentliche Wissenschaft*

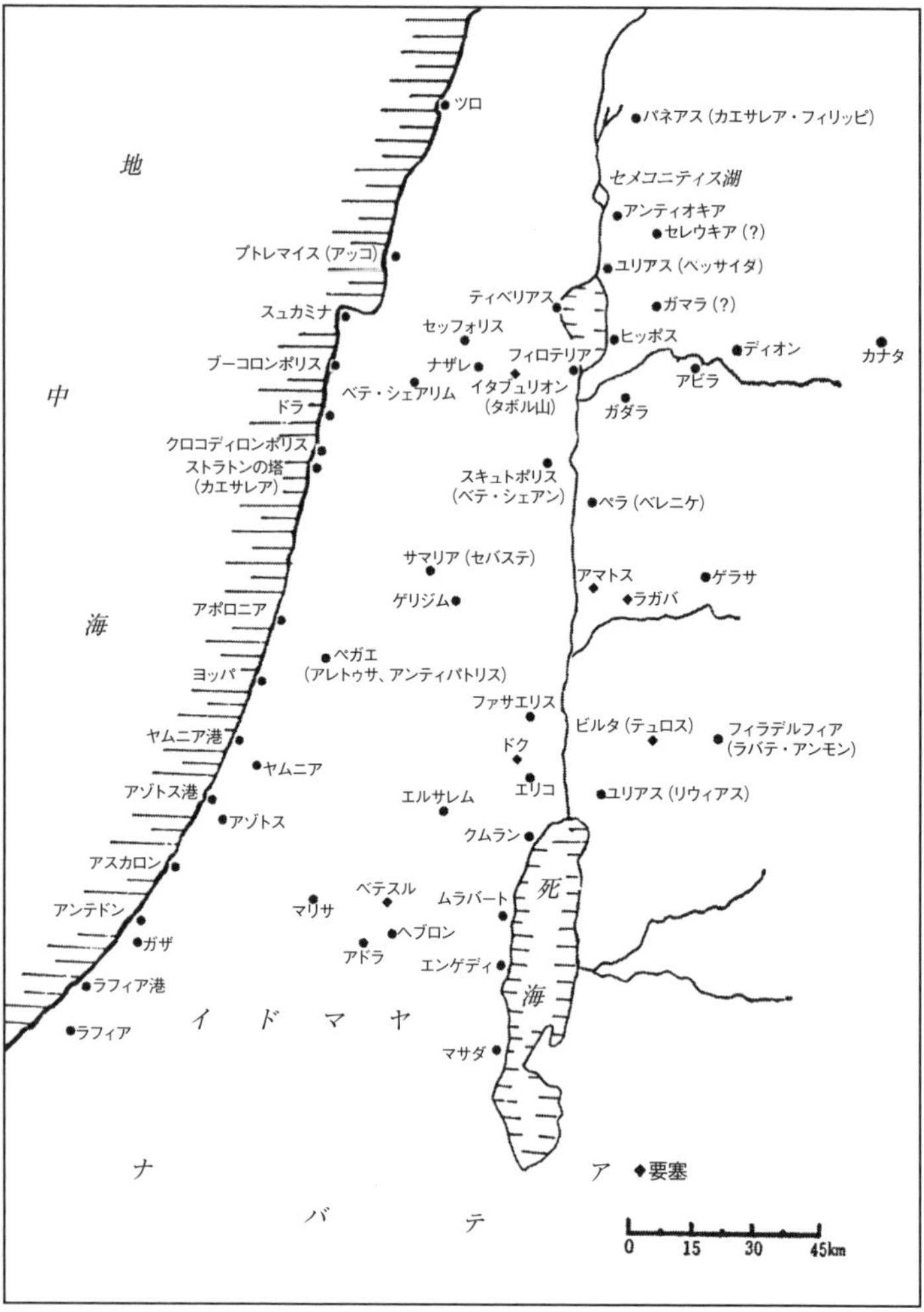

ヘレニズム時代のパレスチナ地図

目 次

Ⅱ　イエスと聖書翻訳　タルグム　村岡崇光

付論1　メシア告白の問題　土岐健治

装幀　熊谷博人

Ⅰ　イエス時代の言語状況

土岐　健治

序

紀元後一世紀のパレスチナにおいて、いかなる言語が用いられていたのであろうか。

クムラン写本の発見（一九四六／七年）以来、死海周辺を中心として、おびただしい数の資料（パピルス、羊皮紙、オストラコン、碑文など）が次々と発見され、それらは後一世紀のパレスチナの言語状況について多くの光を投げかけた。しかし、それにもかかわらず、イエス時代の言語状況については、今なお不明瞭な点がきわめて多いのである。本稿においては主として、M・ブラック、(1) J・A・フィッツマイヤー、(2) J・N・セヴェンスター(3)などの研究によりつつ、イエスの時代の言語状況について現在われわれの知り得る事柄を紹介することにしたい。

一世紀頃のパレスチナにおいては、四つの言語が用いられていた。それらはヘブル語、アラム語、ギリシア語、ラテン語である。バビロン捕囚期前にイスラエル民族が用いていたヘブル語は、捕囚をさかいとして、押し寄せるアラム語の波の前に後退を余儀なくされた。やがてアレクサンドロス大王の東方遠征と共に押し寄せたギリシア語の波は、パレスチナにも影響を与えずにはおかなかった。次いで、紀元前二世紀以来、東方へヘレニズム世界へ進出したローマは、前六三年ポンペイユスのエルサレム（神殿至聖所）侵入以来パレスチナを属領に編入し、多くの兵士たちと共にラテン語をもたらした。しかしながら、ラテン語の使用はほとんど支配者たるローマ人に限られていたようである[4]。実際、ローマ帝国の、少なくとも東部においては、ギリシア語が共通語、公用語として用いられていたのである。したがって、以下においては、ラテン語に関する検討は省略する。

われわれの検討はギリシア語から始められる。

註

(1) M. Black, The Recovery of the Language of Jesus, *NTS* 3 (1957), pp. 305–313; *An Aramaic Approach to the Gospels and Acts* (3rd Edition, Oxford: Clarendon, 1967. 以下『アプロウチ』と略記)。

(2) J. A. Fitzmyer, The Languages of the Palestine in the First Century A. D., *CBQ* 32 (1970), pp. 501–531 (以下「パレスチナの言語」と略記); *The Genesis Apocryphon of Qumran Cave I, A Commentary* (2nd, Revised Edition, Rome: Biblical Institute Press, 1971), pp. 14–29; The Contribution of Qumran Aramaic to the Study of the New Testament, *NTS* 20 (1974), pp. 382–407; Methodology in the Study of the Aramaic Substratum of Jesus' Sayings in the New Testament, in *Jésus aux origines de la Christologie*, ed. J. Duppont (Louvain: Louvain University Press, 1975), pp. 73–102.

(3) J. N. Sevenster, *Do You Know Greek? How Much Greek Could the First Jewish Christians Have Known?* (NovTSup 19, Leiden: Brill, 1968). 以下セヴェンスターと略記。

(4) N・ターナーは、マルコ九50の「あなたがた自身の中に塩(ラテン語 salem)を持って、互いに平和に過ごしなさい(ヘブル語 shālōm)」は、ラテン語を使った語呂合わせであり、イエスがラテン語を使った可能性を示唆している、と言う。N. Turner, *Grammatical Insights into the New Testament* (Edinburgh: T. & T. Clark, 1965), p. 183. しかしながら、このような語呂合わせそのものがはなはだ疑わしいうえに、仮に語呂合わせを認めるとしても、このような例は単独には説得力を持ち得ない。フィッツマイヤーによれば、ユダヤ人によるラテン語使用を示す証拠は皆無である。「パレスチナの言語」五〇四—七頁。

第一章　ギリシア語

アレクサンドロス大王の東方遠征（前三三四―三二三年）以前にも、すでにギリシア文化の波はパレスチナに押し寄せていた。(1) しかしパレスチナのギリシア化（ヘレニズム化）は大王の東征以後急速に進められることになった。ギリシア文化特にギリシア語はギリシア都市(2)を中心として周囲の地域に広まっていった。

まずガザとサマリアがアレクサンドロス大王自身の手によってギリシア化された。さらにヨッパやアッコにもマケドニアの守備隊が駐屯し、大王の後継者ペルディッカスによってギリシア都市ゲラサが建設された。マケドニアの都市名を借用したギリシア都市のペラとディオンも同じ頃に建設されたものと思われる。(3)

やがてパレスチナは、アレクサンドロス大王麾下《きか》の武将（後継者）の一人プトレマイオス（一世）によって建てられたエジプトのプトレマイオス王朝の支配下に入ることになる。数次にわたるシリア（セレウコス王朝）とエジプトとの争いに巻き込まれたとは言え、比較的落ち着いた生活を許されたこの王朝支配下の一世紀間（前三〇一―一九八年）に、パレスチナのギリシア化は強力に押し進められた。

アッコはプトレマイオス王朝の支配を記念してプトレマイスと改名され、プトレマイスから南へ続く沿岸都市はいずれもギリシア化された。スュカミナ、[4]ブーコロンポリス、ドラ、クロコディロンポリス、アポロニア、ヤムニア、アスカロン、ラフィアなどがそれである。アスカロンからは文法学者、哲学者、歴史家などが輩出した。ヨッパ、ガザもさらに整備された。エルサレムの南西約四〇キロメートルにあるマリサはイドゥマヤ地方の首都として繁栄した。同じ地方のアドラもこの時代にギリシア化されたものと思われる。エルサレムの北西約四五キロメートルのペガエにはサマリア地方の国境守備隊が置かれた。

さらにヨルダン川の東には、すでに建設されていたペラ（ベレニケと改名）、ディオン、ゲラサに加えて、ヒッポス（旧スシタ）、ガダラ、アビラ、フィロテリア（ガリラヤ湖のヨルダン河口西側）、デカポリスの最南の町フィラデルフィア（旧ラバテ・アンモン）などが建設され、あるいはギリシア都市として再興された。後に「デカポリス最大の都市」と称されたスキュトポリス[5]（旧ベテ・シェアン）はすでにプトレマイオス王朝の時代にこの名で登場する。[6]これらの内、ガダラは、キュニコス派の哲学者メニッポス（前三世紀頃。拙著『ヨナのしるし』一四二―三頁参照）、詩人（エピグラム作者）にして哲学者なるピロデモスとメレアグロス（いずれも前二―一世紀）、ティベリウス帝をも教えたと言われる弁論術の教師テオドロス（前一世紀）などを輩出し、メレアグロスによって「アッシリアのアッティス（＝アッティカ）」と呼ばれた（*Anthologia Palatina*, VII, 417）。

一九一五年にエジプトのファイユームのフィラデルフィアにおいて、ゼノンなる人物の文庫から、後にゼノン・パピリと名付けられた多量のギリシア語パピルスが発見された。それらはプトレマイオス二世フィラデルフォス（在位前二八二―二四六年）から三世エウエルゲテス（在位前二四六―二二一年）にわたる時代の、エジプトのみならずパレスチナをも含む広い地域の社会経済状態について、多くの光を与えている。この興趣尽きざるパピルスの内容に関しては、『神田盾夫著作集』二巻三五五―七頁に簡にして要を得た概観が与えられている。それによれば、「このゼノーンとは上記プトレマイオス二世の時エジプトに来たカーリア生れの人、大蔵大臣アポローニオスに仕え、次第に重んぜられて自らも巨富を貯え、ついには主人の領地管理のため前二五六年頃から赴いたフィラデルフィアに自ら永住したのであったが、その居住の廃墟からこの有名なパピリが発見されたのであった」（同書三五六―七頁）。このパピルスがパレスチナについて語るところは、われわれのテーマにとって少なからざる関係を有している。

前二五九年から翌年にかけて、ゼノンは大蔵大臣アポロニオスの名代としてパレスチナを訪れた。この約一年の旅行の間に、彼は、エルサレム、エリコ、テュロス（トランスヨルダン地方のイラク・エル・アミル）、ここからデカポリス地方を北へぬけてダマスコ南方のラカサ、ガリラヤ各地、南へ下ってマリサなど、パレスチナ全域にわたって主要な土地を巡り、大臣アポロニオスの名代として精力的に働いている。このようなゼノンの活躍を伝えるゼノン・パピリによって、われわれはこの時代にパレスチナ各地とエジプト当局との間に親しい密接な連絡交渉のあったこと、そしてそれはギリシア語を介していたことを知るのである。マリサにおいてゼノンが購入した奴隷たちが、ゼノンの許を逃れて以前の主人の許へ逃げ帰ってしまったことに関する交信の記録など、社会的経済的な状況についてゼノン・パピリの伝えるところは興味津々たるものがあるが、それらについてふれることは別の機会に譲らねばならない(7)。

しかしわれわれのテーマにとって見逃すことができないのは、テュロス（イラク・エル・アミル）にあってトランスヨルダン地方を支配していたトゥビアス Toubias なるユダヤ人からアポロニオスにあてた二通のギリシア語の手紙が、ゼノン・パピリの中に見出されることである。その内の一通はアポロニオスに四人の少年奴隷を贈ったことを伝える送り状であり（*CPJ* No. 4）、もう一通は、アポロニオスの指示に従ってプトレマイオス二世に珍しい動物を何頭か贈ったことを報告する手紙であり、最後に王宛ての送り状の写しが記されている（*CPJ* No. 5）。日付は両方とも前二五七年五月一二日頃である。以下に掲げるのが二通の手紙の翻訳である(8)。

CPJ No. 4

トゥビアスよりアポロニオスへ。もしもあなたがお元気であり、あなたの事業その他が思い通りにいっているならば、神々に感謝すべきかな。私も元気です。いつもあなたのことを思い起こしておりますが、それは当然のことです。私はあなたのところにアイネアスを遣わして、一人の宦官と家柄のよい四人の家庭用少年奴隷を届けさせました。そのうちの二人は割礼を受けておりません。その奴隷たちの身上書を書き添えますので御覧下さい。お元気で。第二九年、クサンディコス月の一〇日。

ハイモス。約一〇歳。（皮ふの色は）黒。巻き毛。眼黒し。あご大きく、右あご（あるいは右頬）にほくろ（複数）あり。無割礼。

アティコス。約八歳。はち蜜色。巻き毛。鼻いささか扁平。眼黒く、眼の下に傷跡あり。無割礼。

アウドモス。約一〇歳。眼は黒。巻き毛、しし鼻、唇が突き出ている。右まゆ毛近くに傷跡あり、割礼受了。

オカミノス。約七歳。丸顔。しし鼻、眼は灰色。（皮ふの色は）赤、長くてまっすぐな髪。右まゆ毛の上のひたいに傷跡あり。割礼受了。

（裏）

（名宛人）アポロニオス様
（差出人）トゥビアス。その送りし宦官と四人の少年奴隷に関して。

第二九年、[9]アルテミシオン月の一六日に、アレクサンドリアにて（受領）

CPJ No. 5

トゥビアスからアポロニオスへ。あなたがクサンディコス月に王の許へ贈り物を送るようにと手紙でお命じになった通りに、クサンディコス月の一〇日に、アイネアスを遣わして、私共からの贈り物を届けさせました。すなわちその内容は、馬二頭、犬六匹、ロバの子であるラバ一頭、白いアラビアロバ二頭、ラバの子二頭、野ラバの子一頭、以上です。これらは馴らされています。私共が贈り物について王宛に書いた手紙とその写しもあなたに送りましたので、御覧下さい。お元気で。第二九年、クサンディコス月の一〇日。

トゥビアスよりプトレマイオス王へ。あなたの許へ馬二頭、犬六匹、ロバの子であるラバ一頭、白いアラビアロバ二頭、ラバの子二頭、野ラバの子一頭を送りました。ごきげんよう。

（裏）

（名宛人）アポロニオス様。

（差出人）トゥビアス。王への贈り物に関すること、および、王への手紙の写し。

第二九年、アルテミシオン月の一六日に、アレクサンドリアにて（受領）

右の手紙はその受領の日付からして、アレクサンドリア到着に三六日を要していたことがわかる。「割礼」は必ずしもユダヤ人を意味しない（エレミヤ書九24、25〔口語訳聖書25、26〕参照）。

先にふれたパレスチナ旅行の途中ゼノンがトゥビアスの要塞に立ち寄り、多量の小麦と、荷物運搬用の奴隷と獣を提供されたこと、さらにトゥビアスの要塞にはエジプトからの軍事入植者の一団が駐屯してトゥビアスの指揮に服していたことは、ゼノン・パピリ中の他のパピルスよりうかがうことができるのであるが、右に訳出した二通の手紙によって、この旅行の後もトゥビアスとエジプトの宮廷との親しい関係が続いていたことが明らかになる。トゥビアスがギリシア文化の信奉者であったことは容易に想像し得るであろう。(10) このようなパレスチナとエジプトとの親しい関係が続く中で、ギリシア語の使用が一層広まったことは想像に難くない。さらに、このトゥビアスなる人物が、辺境の地の一領主であるにとどまらず、その家系が代々エルサレムを中心とするユダヤ人共同体の中で、きわめて重要な位置を占めていたことを知る時、彼とエジプトの宮廷との親しい関係はわれわれのテーマにとって一層重要な意味を持ってくることが理解せられるであろう。

このトゥビアス（ヘブル名トビヤ）は、ネヘミヤ記に登場する有名なトビヤの子孫であろう。ネヘミヤ記二19でトビヤが「アンモンびと奴隷」と呼ばれていること、アンモンびとはヨルダン川東方地域に住んでいたこと、もこの推測を支えるであろう。ネヘミヤ記のトビヤはネヘミヤに対立して、エルサレムの城壁の修築を妨害した。彼が「奴隷」などではなく、エルサレムのユダヤ人共同体内部できわめて高い位置にあったことは、大祭司エリアシブによってエルサレム神殿内に特別室を与えられていたことや（ネヘミヤ記一三4―9）、ユダヤの貴族たちと親しい関係にあったこと（同六17―19。トビヤの息子ヨハナンの舅はエルサレム城壁の修理に参加している。同三4）などから明らかである。(11) また「トビヤ」tôbiyyāh(û)という名前は「ヤハウェはわが善」という意味であり、その家系が「アンモンびと」の出ではなく、ユダヤ人に属していたことを示している。しかも息子にヨハナン（ヤハウェは恵み深い）という名前を与えていることは、彼がヤハウェ宗教の信者であったことをうかがわせる。(12) ゼカリヤ書六10、エズラ記二59、60＝ネヘミヤ記七61、62＝（旧約外典）「第一エズラ書」五36、37におけるトビヤあるいはトビヤの子孫への言及は、トビヤ家がバビロン捕囚以前にさかのぼる旧家であることを示している。(13) ネヘミヤ記に登場するトビヤは、おそらくアンモン地方（ヨルダン川東岸地方）の総督であったと考えられる。[14] このように考えれば、このトビヤの子孫トゥビアスが同じ地方の支配者として、エジプトの代官ないしは軍事長官（あるいは総督？）のような任務についていたことは、きわめて自然なことになる。そして、トゥビアスが大祭司オニアスの姉妹を妻としていたことをヨセフスによって知らされる時、[15] われわれはこのギリシア文化心酔者（ヘレニスト）の影響が、エルサレムを中心とするユダヤ人共同体の中で決して小さなものではなかったことを想像し得るのである。

ヨセフスがトゥビアスの息子ヨセフとその息子ヒルカノスについて伝えているきわめて興味深い物語[16]は、いくつかの年代的な矛盾や多くの伝説的な逸話におおわれているけれども、それらの故にその資料価値を全面的に否定することは正しくない。ここではそれらの様々な問題に立ち入る余裕は無いので、ヨセフスの伝える物語の中で比較的信憑性が高いと思われる部分に従って、二人の人物の歴史を短く再構成することにしたい。[17]

プトレマイオス三世エウエルゲテス（在位前二四六―二二一年）の時代に、[18] 大祭司オニアスは前任者たちが代々エジプト王に対して支払ってきた銀二〇タラントの税の支払いを拒んだ。このことは当然にも王の怒りをひき起こした。これを知ると、当時すでにエルサレムにおいて重要な地位を占めていたトビアス（トゥビアス）の息子ヨセフは、おじにあたるオニアスをいさめ、オニアスと市民の承認のもとに、ユダヤ人の代表として王の宮廷へ赴き、王の怒りを鎮めた。[19] ついで（チェリコバーによれば二度目のアレクサンドリア旅行の際に）、ヨセフはコイレ・シリア、フェニキア、ユダヤ、サマリア全土に対する徴税権を、他の有力者たちをさしおいて、王から与えられた。これにより彼の権力と財力とは絶大なものとなった。このヨセフの時代に、エルサレムを含むユダヤ全土のヘレニズム化が強力に推し進められたことは、想像に難くない。

ヨセフの末子ヒルカノスは六人の兄たち以上に才覚と勇気に満ちており、父の寵愛を受けていた。父の名代としてエジプトの宮廷へ遣わされたヒルカノスは（チェリコバーによれば、兄たちを出しぬいて取税長官という父の地位をわがものとするために）、父の財産を勝手に用いて王や貴族たちに莫大な贈り物をした。その結果アレクサンドリアの宮廷の好意は手に入れたものの、父やとりわけ兄たちは彼の行為に反発し、彼をエルサレムへ入れようとしなかった。そこでヒルカノスはトビヤ家代々の領地であるトランスヨルダンの要塞（ビルタ＝テュロス）に退き、その地方の人々から税を徴収していた。それがエジプトの正式な取税官としての活動であったか否かは不明である。その頃（と言ってもヒルカノスの活動の年代ははっきりしないのだが）、前一九八年にパレスチナを含むシリア南部の支配はプトレマイオス王朝からセレウコス王朝へと移行した。これに呼応して、父ヨセフの死をきっかけに、もともとセレウコス王朝派であったヒルカノスの兄たちが、プトレマイオス王朝派のヒルカノスに戦をしかけた。民は両派に分かれたが、大祭司の後ろだてもあって兄たちの方が民の多数を制したので、時利あらずと悟ったヒルカノスはエルサレムに戻ることをあきらめ、トランスヨルダンに留まってその地方を支配したのだが[20]、アンティオコス四世エピファネスの即位（前一七五年）と共に、自分の命運の尽きたことを知り、自ら生命を断った。

一方エルサレムは、父のヘレニズム化政策を受け継いだヒルカノスの兄たちを中心とするセレウコス王朝派の人々の手によって、一歩一歩ギリシア都市へと変えられて行った。このようなヘレニズム化の動きがまさに頂点に達しようとした時に、ユダヤ全土はマカベア戦争の嵐へと突入することになるのである。

以上トビヤ家三代の者たちの活躍を短く紹介したのであるが、これによって、マカベア戦争勃発以前に、パレスチナのヘレニズム化が長い期間にわたって深く進行していたことが理解される。

ここでセレウコス王朝の支配下におけるパレスチナのギリシア都市の状況を一瞥しておこう。(21) セメコニティス湖南東岸のアンティオキアとその近くのセレウキアは、パレスチナがセレウコス王朝の支配に服したことを記念して建設されたものであろう。(22) さらにプトレマイス、ヒッポス、ゲラサはアンティオキアの名で、アビラ、ガザはセレウキアの名で、ガダラはアンティオキア・セレウキアの名で呼ばれるようになった。またスキュトポリスは、ディオニュソスの成育地名およびセレウコス家の王女の名にちなんでニュッサと改められた。

マカベア戦争からハスモン王朝の時代へかけて、これらの都市の多くはユダヤ人の支配下に入ることになった。そして時にはユダヤ教への改宗を強要されることもあった。ある場合にはヘレニズム化の波は押しとどめられたこともあるであろう。しかしながらまず第一に、そのことは必ずしもギリシア語の退潮を意味しない、ということを指摘しなければならない。ユダ・マカベア自身がローマと交渉を持ったとすれば（第一マカベア書八章、第二マカベア書四11、一一34—38)、彼の同志の中にもギリシア語に堪能な者たちがいたはずである。ユダ・マカベアの後継者（兄弟）たちはさらに、ローマ、スパルタのみならず、セレウコス王朝の王（および王位要求者）たちともひんぱんに交渉を重ねている。これらはすべてギリシア語でなされたと考えるのが自然である。事実マカベアグループの中にもギリシア語名の者たちがいたのである。[23] 第二に、ハスモン王朝の支配体制が確立してくるにつれて、支配者たち自身が必ずしも反ヘレニズムの旗手ではなくなったと考えられる。ヨハネ・ヒルカノス（在位前一三四―一〇四年）以来、王（ないしは大祭司）自らがギリシア語名を用いるようになった。ヒルカノスはその三人の息子たちにもギリシア語名（アリストブロス、アンティゴノス、アレクサンドロス）を与えている。そして、ガリラヤを再ユダヤ化したと言われているアリストブロス一世（前一〇四―一〇三年）は、自らを「ギリシア好き（Philellēn）」と呼んでおり（『ユダヤ古代誌』一三・三一八）、さらにアレクサンドロス・ヤンナイオス（前一〇三―七六年）はヘブル・ギリシアおよびアラム・ギリシアの三言語を刻印した貨幣を、おのおの一種類ずつ発行しているのである。[24] 彼の孫アンティゴノス（前四〇―三七年）はヘブル・ギリシア二言語を刻印した貨幣に加えて、ギリシア語のみを刻印した貨幣をも発行した。[25] その後ヘロデ家の支配者やローマの総督たちは、ギリシア語（一部ラテン語）の貨幣のみを発行するようになった。

紀元前六三年ポンペイユスはエルサレムに侵入し、パレスチナをローマのシリア州の支配下に置いた。ユダヤ人の支配下にあった、あるいはユダヤ人によって破壊されていた、ヒッポス、ガマラ、スキュトポリス、ペラ、サマリア、ヤムニア、マリサ、アドラ（アドレオス）、アゾトス、アレトゥサ（ペガエ）、ガザ、ヨッパ、ドラ、ストラトンの塔、アンテドン、ラフィアなどが解放され、再興再建された。[26]

ヘロデ家の支配者たちによってこの政策は受け継がれた。ヘロデ大王はストラトンの塔をカエサレア、サマリアを皇帝アウグストゥス（ギリシア語訳はセバステース）にちなんでセバステと改名、さらにアンテドンはアグリッピアス（『ユダヤ古代誌』一三・三五七。『ユダヤ戦記』一・一六ではアグリッペイオン）と、ペガエをアンティパトリス（使徒行伝二三31）と改名し、ヘレニズム都市として再建し、ファサエリスをエリコの北方に建設した。シケムの近くのネアポリス、ガリラヤ地方の首都となったティベリアス、パレスチナ最北端のカエサレア・フィリッピ（ピリポ・カイザリア）、両ユリアス（旧ベッサイダおよびリウィアス）などがヘロデ家の支配者たちによって建てられた。(27)

このように、パレスチナにはすでにヘレニズム時代初期以来ギリシア都市が数多く建てられ、それらを中心として数多くのギリシア語を話す人々が往来していたのである。そして支配者から発せられる布告などがギリシア語によっていたとすれば、ユダヤ人といえどもギリシア語の習得が望ましかったであろうと推測されるのである。特に政治・経済・軍事などの活動に多少ともかかわりを持とうとする人々にとっては、ギリシア語の習得は必須であったと思われる。

一九六〇年一〇月に、スキュトポリス（現ベテ・シェアン）の北西約七キロメートルの場所（Tell el-Firr）で、地ならし中のブルドーザーが、ギリシア語を刻んである石灰岩をひっかけた。すでに破壊されていたが、復元してみると、縦約七七センチメートル、横約四七センチメートル、厚さ約一六—八センチメートル（上部が厚く下部が薄い）の一枚の板であることがわかった。そこには、アンティオコス三世大王およびその子アンティオコス幼王と、コイレ・シリアおよびフェニキアの長官

（stratēgos）にして大祭司（arkhiereus）なるプトレマイオスとの間の交信、およびプトレマイオスからの提案（訴え）に基づいて、王から関係当局者たち（dioiketēs）に対して発せられた命令がギリシア語で記されている。日付は前二〇〇年九月から一九五年三月までとなっている。[28] 注目すべき点は、この石碑の冒頭に、周囲の村々にも同様の石碑を建てるように、と命ぜられていることである。この石碑自身そのような写しの一つなのであろう。いずれにせよ、支配者の布告はこのような数多くの写しによって、町々村々に建てられ、ユダヤ人たちもいやおうなくそのギリシア語に接しその内容を知らねばならなかったのである。[29] マカベア時代においてすら、ローマ人との条約を記した青銅板やスパルタ人からの手紙を記した青銅板（いずれもギリシア語で記されていたものと思われる）が、エルサレムに大事に保管されていたのである（第一マカベア書八22―31、一四18―23）。

前二―一世紀のギリシア語碑文資料については、前記フィッツマイヤーの論文「パレスチナの言語」五〇九頁註26を参照されたい。

ここでわれわれは、後一世紀の状況に進まなければならない。この時代にパレスチナにおいて、ギリシア語はどれくらい用いられていたのであろうか。まず第一に歴史家ヨセフスの証言を紹介することにしたい。彼はまさしく後一世紀のパレスチナに生まれ（三七ないし八年）育ち、七〇年まではパレスチナで生活し、ローマに移った後、協力者の力をかりたとは言え、[30] 立派なギリシア語の著作を著したユダヤ人であるゆえに、その証言は重要である。彼は『ユダヤ古代誌』の末尾（二〇・二六三―四）で次のように記している。

私はまた、（ギリシア語の）文法を習得した後で、[31] ギリシアの散文や詩文の学習[32]にも非常な熱意を傾けたが、わが民族に伝統的な風潮が、[33]（ギリシア語の）正確な発音を身につけることを妨げた。というのも、われわれ（ユダヤ人）の間では、多くの民族の言語に通じている者や、流暢な言い回しでことば（演説？）を飾る者は受け容れられないのである。それは、このようなこと（多くの言語に通じ、流暢にしゃべること）は、（特別にインテリというわけではない）ごく普通の自由人にとってのみでなく、望みさえすれば奴隷にとっても、格別困難なことではない、と考えられているからである。[34]

右に引用した文章の、二、三の部分について、本文批評をも含めたいくつかの異なる解釈が提案されているが（註参照）、ヨセフスの言わんとするところは明瞭である。第一に、彼は、ギリシア語の読解力と、そしてこの文章の置かれている（『ユダヤ古代誌』の末尾という）文脈から考えて、おそらく作文力をも高めるべく努力して成果をあげたけれども、ギリシア語の発音、つまり会話はあまり得意ではないこと、第二に、ユダヤ人の間では、この場合にはギリシア語を、ぺらぺらとしゃべる者は尊重されないこと、第三に、外語（ギリシア語）をぺらぺらとしゃべることは下層階級の者にとっても容易なことであって、教養のしるしとはならないこと、以上が右の文のポイントであろう。さらにわれわれは、自由人であると奴隷であるとを問わず、パレスチナのユダヤ人の中には、ギリシア語を流暢にしゃべる者がかなりいたことを推測するのである。

ヨセフス自身が若いころからかなり自由にギリシア語を話すことができたことは、彼が二六歳の時に、ユダヤの総督フェリックスによって捕えられてローマへ送られていた祭司たちの釈放を求めてローマへ赴き、交渉の結果所期の目的を果たして（？）帰国したという記事（『自伝』一三―一六）によってうかがうことができる。このような困難な交渉を成功させることは、ギリシア語に堪能な者でなくては不可能であろう（通訳の利用の可能性が排除できないとしても）。

またヨセフスがその著『ユダヤ戦記』を、「同胞の中でギリシアの知恵（教養）を身につけていた多くの人々に売りさばいた」と記し、その例としてヘロデ王家の人々の名前を挙げていることは、少なくともユダヤの上流社会の中には、彼の著書を自由に読むことのできる人々が多くいたことを示している。もっとも「多くの」というのは彼独特の誇張であるかもしれない。しかし残念なことにヨセフスは自分の生活していたパレスチナの言語状況について右に紹介したところ以外に直接明確なイメージを与えてはくれないのである。そこでわれわれは碑文資料に眼を転じたいと思う。[35]

第一は、エルサレムの神殿の異邦人の外庭とユダヤ人のみが入ることを許されていた内陣との境に適当な間隔で立てられていたという、内陣への非ユダヤ人立入禁止の高札である。これはヨセフスやフィロンの言及によって知られていたが、[36] 近年実物が二枚発見された。ヨセフスは、高札はギリシア語とラテン語で記されていた、と言っているが、発見された実物はいずれもギリシア語のみである。以下はその訳である。[37]

外人は何人も神殿の周囲の（石）垣と塀の内側へ入るべからず。（現行犯で）捕えられたものは、自らの罪のゆえに殺されるであろう。

もちろんこの高札は異邦人に対するものである。しかしほとんどすべてのユダヤ人が集まる神殿の目立つ場所にこのようなギリシア語の高札がたっていたという事実は注目すべきである。

次に紹介するのは、エルサレムのシナゴーグで一九一三―四年に発見された碑文である。これは後一―七〇年のものであることが広く認められている。(38)

祭司にして会堂司（arkhisynagōgos）なるウェッテヌスの息子テオドトス、会堂司の息子なる会堂司の息子（つまりテオドトスの父も祖父も会堂司）が、この会堂（synagōgē）を、法（トーラー）の朗読と誡律の教授のために建立した。彼はさらに外来者のための宿泊施設と水の設備(39)を造った。それは外地から来て（宿泊施設を）必要としている人々が泊まるためである。この会堂は彼の父祖たちと長老たちとシモニデスとが基礎を据えたものである。

この会堂ではトーラーの朗読と教授がギリシア語でなされていたことがうかがわれる。またウェッテヌスはローマ人の氏族名であり、テオドトスとシモニデスはギリシア名であることが注目される。ウェッテヌスというラテン名については、この人物（ないしはその先祖の誰か）がウェッテヌス家の奴隷であったが、解放され、その際に、主家の氏族名を与えられたという可能性、即ち、この人物

（ないしはその先祖の誰か）が解放奴隷であり、イタリアからエルサレムへ移住してきた人物であった可能性が指摘されている。もしもそうだとすると、この会堂は使徒行伝六9のいわゆる「リベルテン」（libertinoi = libertini = 解放奴隷）の会堂であったことになる。また同一人物が会堂司と祭司を兼務していたことも注目される。[40]

ガリラヤに眼を転じて、一八七八年にナザレからパリへ運ばれた碑文[41]を紹介しよう。カェサルの詔勅を刻んだものである。後一世紀の前半ないしは、もう少し以前、と想定されている。[42]

カェサルの勅令。余は、人々が先祖、子孫、家族を祭るために造った墓や墳墓は、永遠に動かされないのがよいと思う。もしも誰かが（墓を）破壊したり、何か他の方法でそこに埋葬されているものたちを外に放り出したり、埋葬されているものたちに対する悪意から邪悪なたくらみによって他の場所へ移したり、（入口をふさいでいる）墓石や（他の）石を移動した者を示す（訴え出る）ならば、このような者に対しては、人間（死者）に対する祭式に関する（冒瀆の）場合にも、神々に関する場合と同様の裁きをなすよう命ずる。埋葬されているものたちに対しては、より大きな敬意が払われるべきだからである。要するに、何人も（死体を）動かしてはならない。もしもこの勅令に従わない場合には、余は、墓荒らしの罪状により、死刑の判決が下されることを望むものである。

この碑文が実際にナザレに建っていたか否かはともかくとして、[43]「ナザレ碑文」と呼ばれるこの碑文は、ガリラヤ地方の普通のユダヤ人もギリシア語を読解できることを前提しているという点で、重要な意味を持っている。

ユダヤの首都と呼ばれた地中海沿岸のカエサレアには、前二二―前一〇年にヘロデ大王がこの町を再建した後にユダヤ人の流入が始まり、後一世紀の中頃には数多くのユダヤ人が住むに至ったのであるが、カエサレアのユダヤ人墓地から発見された数多くのギリシア語碑文により、この都市の（多くの？）ユダヤ人の日常語がギリシア語であったことがうかがわれる。(44)

さらにヨッパのユダヤ人墓地で発見された七〇あまりの墓碑銘（後一―三世紀頃）のほとんどがギリシア語であり、しかも埋葬されている人々の職業は実に多彩であり――パン屋、廃品回収業（?）、洗濯屋、服屋、漁師、兵士等々――ギリシア語の使用が決して上流（インテリ）階級に限定されていなかったことを示している。さらに碑文のギリシア語が必ずしも良いギリシア語ではないことも、ギリシア語が民衆の言語であったことを示唆している。(45)

ガリラヤのベテ・シェアリムは、『ミシュナ』の編纂者ラビ・ユダがサンヘドリンを置き、かつ彼自身が葬られた土地として資料にその名を伝えられながら、長い間その位置が不明になっていたが、一九三六年三月のある日、狐を追って狐のとび込んだ穴の中にもぐり込んだ二人の青年によってこの地の壮大な地下墳墓が発見されて以来、ラビ・ユダの一族の墓を含む無数の墓地の発掘が進められた。(46) そこで発見された墓碑銘の言語は、ギリシア語とセム語（ヘブル語ないしはアラム語）の割合がおおよそ四対一であると言われている。(47) これはこの地方のユダヤ人の言語状況を考える上で重要な意味を持っている。そして、ラビ・ユダ自身がパレスチナにおいてはアラム語の使用を禁じ、ヘブル語かギリシア語を使うよう命じたという、『バビロニア・タルムード』ソタ四九bの伝承を裏づけるかのごとくである。

ただここで考慮しなければならないのは、この墳墓の中には、ベテ・シェアリムの住民のみならず他の地方のユダヤ人も数多く葬られていたことである。すなわち、近郊のカエサレア、エズレエル平原やガリラヤ地方の町々のみならず、遠くエジオン・ゲベル、フェニキア沿岸都市（ベイルート、ビュブロス、シドン、ツロ）、シリア（アンティオキア、アパメア）、ダマスコ地方、さらにはパルミュラ、バビロン、南イエメンのヒムヤルなどの人々も葬られているのである。(48) これによってベテ・シェアリムは世界中のユダヤ人の一種のネクロポリス（共同墓地）のごとき役割を果たしていたことがうかがわれる。したがってこの墳墓内の碑文がただちにこの地の住民の言語状況を反映しているわけではない。しかしそれにしても、このようにディアスポラ各地からユダヤ人がこの地を訪れ、多くのギリシア語の碑文をこの地に残しているという事実は、この地の住民の言語と無関係ではあり得なかったはずである。

ただし残念なことには、これらの墓碑銘の年代の上限がはっきりしていない。後一世紀以降とする説もないではないが、三世紀ないしはせいぜい二世紀（バル・コクバの乱）以降とするのが、通説のようである。下限は後三五二年とされている。(49)

以下にベテ・シェアリムの墳墓のギリシア語碑文の中からいくつかを紹介したい。墳墓第一三番で発見された大理石の板（一八×三七センチメートル）には、次のようなことばが刻まれている（テキストはフィネガン前掲書〔注（46）〕二〇七頁）。

マリノスとその妻エイウッスタ（ユスタ）の場所（墓）

墳墓第二〇番からは次のような三行の碑文が発見された（テキストはフィネガン同書二〇八頁）。

幸多かれ
あなたがたの
よみがえりに

また墳墓第一一番の壁にはめ込まれていた大理石の板には次のように刻まれている（カプラン前掲論文〔注（46）〕一七一頁の英訳からの重訳）。

レオンティオスとサッフォーの息子である、私ユストゥス、死してここに眠る。あらゆる知恵の実を摘み取った後、私は光と、絶え間なく嘆き悲しんでいる哀れな両親と、兄弟たちの許を去った。〔わが〕ベサ〔ラ〕なる私は災いなるかな。ハデスに降った後、私ユストゥスは多くの同胞と共にここに眠る。苛酷な運命がそのように望んだからである。ユストゥスよ、慰めあれ。不死なる者は一人もいないのだ。

これに対して、エルサレムとその周辺のユダヤ人墓地は、そのほとんどすべてが後七〇年以前と考えられており、その多くから発見されている「骨入れ」ossuary の碑文は、われわれの研究にとって重要な意味を持っている。

ここで「骨入れ」について簡単にふれておくことにしよう。すでに古い時代から、パレスチナにおいて、埋葬された肉が腐り落ちた後にその遺骨を別の場所（同じ墓室内、または他の墓室内の、横穴あるいは骨入れ）に埋葬し直す、いわゆる「二次的な埋葬」secondary burial の習慣のあったことが確認されている。ヘレニズム時代には、岩壁を掘り抜いて造った方形の墓室の壁に、さらにいくつかの細長い横穴を掘り抜くことが一般的となった。この横穴のことをヘブル語で kôkh（コーク。複数形 kôkhîm）、ラテン語で loculus（ロクルス。複数形 loculi）と呼んでいる。遺体はまずこの横穴に安置されるか、または墓室内の岩棚（ベンチのような感じのもの）の上に安置された。これが primary burial である。（ごくまれに特に富裕な家族、たとえばヘロデ家の墓などでは、ギリシア語でサルコパゴス sarkhophagos〔「肉を食べるもの」の意〕と呼ばれる石灰石製の棺の中に遺体が収められている例もある。その場合には secondary burial は行なわれなかったものと思われる）。やがて埋葬後一年位たって肉が腐り落ちた後、遺骨は、墓室の奥の小部屋（納骨室 charnel room）、あるいは床の穴、あるいは横穴の下のくぼみに収める場合もあったが、ヘレニズム時代後期、ローマ時代以降、紀元後二世紀初頭（バル・コクバの乱のころ）までの著しい特徴は、これを石（ないしは木）製の箱に収めたことである。この箱がわれわれの問題にしている「骨入れ」である。英語の ossuary はラテン語 ossuarium

（＜os 骨）に由来する。この骨入れの大きさは、縦五〇—八〇センチメートル、横二八—五〇センチメートル、高さ二五—四〇センチメートルであり、材質は石灰岩の場合が多い。われわれの骨壷の観念からするといささか大きいけれども、この骨入れには一人の遺骨を入れるのが慣わしであった。火葬でないために骨が丸のまま残ったからである。[50]

一九三四年に発掘されたキデロンの谷の墓地（ヘロデ時代）の中にあった五つの骨入れの内、三つに碑文が刻まれており、その内一つがギリシア語、一つがギリシア語とヘブル語、一つがアラム語で記されている。[51]

同じくキデロンの谷で一九四一年に発掘された墓地（後一—七〇年）の中にあった骨入れの内、八つにギリシア語が、一つにギリシア語とヘブル語が、一つにヘブル語が刻まれている。[52]

一九四五年にエルサレム郊外（南）のタルピオトゥで発掘された墓地（後一—七〇年）の中にあった一四の骨入れの内、三つにヘブル文字で名前が記され、二つにギリシア文字が記されていた。その内一つは ΙΗΣΟΥΣ ΙΟΥ（= Iēsūs Iū）、他の一つは ΙΗΣΟΥΣ ΑΛΩΘ（= Iēsūs Alōth）であり、イエス・キリストとの関係が論議されている。Iū および Alōth について、悲しみの表現ととる者、魔よけの呪文ととる者（その場合イエスは魔よけの力を持つものと信じられていたことになる）などがあり、解釈は定まっていない。[53]

エルサレムのレホブ・アルファシ（Rehov Alfasi）にあるヤソンの墓の入口の壁から、一九六五年に次のようなギリシア語の碑文が発見された。この墓は前一世紀の初め頃から前三七年頃まで用いられた後、おそらく前三一年の地震で破壊され、後三〇／三一年に再び使用されたものと推定されている。[54] 碑文は、しっくいをぬった壁の表面に木炭で記されている。その内容は以下のごとくである。

汝ら生きている者たちよ、喜び楽しめ
さらに……飲みかつ食せ[55]

オリブ山で発掘された二九の骨入れの碑文の内、一一がギリシア語であった。これについては五五頁参照。エルサレム周辺から発見されたこれらの墓碑銘や骨入れの碑文は、一世紀前後頃にこの地域において、少なからざる人々がギリシア語を使用していたことを示している。

最後に死海周辺の洞窟から発見された数多くのパピルス資料に言及しなければならない。ムラバート出土資料については五六頁以下で詳しくふれる予定であるが、その中には数多くのギリシア語資料も含まれている。（以下に示すムラバート番号については五六頁注（15）参照）。ムラバート番号八九―一〇七および一六四（羊皮紙）、一〇八―一五七（パピルス）、一六五―七（オストラコン）にギリシア語が記されている。その内、一五六は後一一世紀、一五七は後一〇世紀、一五四はビザンチン時代とされている。その他は、一一四（一七一年？）と一一七が後二世紀後半に、一〇八―一一〇が後一世紀後半（第一次ユダヤ戦争中？）のものと推定されている以外は、すべて後二世紀前半、第二次ユダヤ戦争中（一三二―五年）ないしはそれに先行する時代のものと考えられている。これらは、人名のみを記したもの、人名と並んで金額や穀物の量を記した書類（小作料あるいは借地料の表？）、文学的・哲学的文書写本断片（一〇八―一一二）、借用証（一一一四）、結婚証書（一一一六）、再婚証書（一一一五）、速記で記した書類（一一六四）、などである。[56]

マサダからは水と野菜の供給に関するギリシア語の書簡を記したパピルスが発見されている。これは「アバスカントスから兄弟ユダへ」宛てたもので、マサダにたてこもった熱心党員の中にもギリシア語を用いるものがいたことを示している。[57]「兄弟」adelphos ということばについては、次に述べるナハル・ツェエリム出土のギリシア語パピルスおよび五九頁に訳出したバル・コクバ書簡（Hev12）を参照。

エンゲディとマサダの間のナハル・ツェエリム（ワディ・セイヤル）の洞窟からは八つのギリシア語パピルスが発見されている。主として人名と数字および意味不明の ΕΙΩΓΙ（= Eiōgi）なることばを記しているこれらのパピルスは、なんらかの公文書、たとえば土地あるいは穀物の配分を記したものかもしれない。「兄弟（adelphos）」ということばが人名の後にしばしば現れることから、バル・コクバの乱の同志たちの名を記したものとも想像される。ローマ軍に追われた人々の遺留品と考えられるからである。いずれにせよ、バル・コクバがこの地域を支配していた時代の公的文書と考えられる。[58]

さらにナハル・ツェエリムの北にあるナハル・ミシュマルの洞窟からも、同様のギリシア語パピルス断片が一つ発見されている。ナハル・ツェエリムのパピルスと同じ機関から発行されたものと考えられている。[59]

ナハル・ヘヴェル（ワディ・ハブラ）出土のパピルスについては五八頁以下で詳しくふれる予定で

あるが、そこで発見されたバル・コクバの一五の書簡の内、二つがギリシア語で記されていることは興味深い。その内の一通を以下に訳出する。[60]

スマイオスからバイアノスの子ヨナテ（ヨナタン・バル・バヤン）およびマサバラへ。私があなた方のところへアグリッパを遣わしたのであるから、私のところへ急いで材木とシトロンとを送るように。それらをユダヤ人のシトロン祭（仮庵の祭）のために必ず調達するように。（この手紙を）ギリシア語で書いたのはヘブル語で書こうという気持ちにならなかったためである。彼（アグリッパ）を祭りに間に合うように急いで帰すように。上記のとおりに行うことを命ずる。

スマイオスより。お元気で。

この手紙の発信人であるスマイオス Soumaios について、B. Lifshitz は Shim^{e}ʿōn ben Kōsibāh のギリシア語転記でありバル・コクバ自身を指すと考えている。名宛人の二人の人物が、アラム語とヘブル語によるバル・コクバの手紙の中でくり返し名宛人として名前が挙げられていることも、この推測を支えている。かりにバル・コクバ自身でないとしても、バル・コクバに近い人物と考えてよいであろう。[61] いずれにせよ、民族主義的な立場から、自らの発行する貨幣にはヘブル語しか用いなかったバル・コクバ自身、ないしはその本陣から、重要な地位にある同志に対してギリシア語の手紙が出されていたこと、しかもその理由として「ヘブル語で書こうという気持ちにならなかったため」と言われていること、は注目すべきである。さらにバル・コクバの配下にある行政機関から、おそらく公的文書（ナハル・ツェエリムとナハル・ミシュマルのパピルス）もギリシア語で発行されていたことは、ユダヤ人の間にギリシア語がもはや抗し難く広がり定着していたためと見るべきであろう。

ナハル・へヴェル（ワディ・ハブラ）からはさらに十二小預言書のギリシア語訳断片（羊皮紙）が一三発見されており（ホセア、ヨエル、アモス、ヨナ、ナホム、ゼカリヤ）、すでに一九五二年にベドウィンによってエルサレムへ運び込まれていた、ヨナ、ミカ、ナホム、ハバクク、ゼパニヤ、ゼカリヤのギリシア語訳写本断片も、同じ場所から出土したものであり、同じ写本の一部であったことが確認されている。これらはバル・コクバの乱に参加した人々の中にも、ギリシア語訳で聖書を読んでいた人々がいたことを示している。[62]

同じことはクムランにおいてもうかがわれる。クムラン第四洞窟からはレビ記と民数記の、第七洞窟からは出エジプト記と「エレミヤの手紙」のギリシア語訳写本断片が発見されている。[63] これらは、クムラン宗団の成員の中にもギリシア語訳で聖書を読む人々がいたことを示している。

ナハル・へヴェル出土の「ババタ文書群」発見の経緯については五八頁でふれる予定であるが、これはユダヤ人女性ババタの所有していたと見られる文書群で、彼女自身がバル・コクバの乱の残兵たちと共に、ローマ軍の追撃を逃れて、この文書群の発見されたいわゆる「文書の洞窟」（Cave of the Letters）へ持ち込んだものであろう。この文書群から知られるところは大略以下のごとくである。

ババタは死海の南西ゾアル地方のマホザに住むシメオン・バル・メナヘムの娘であった。その地方は後一〇六年まではナバテア王国の領土であったが、一〇六年にナバテア王国は滅び、ローマの属州

（アラビア州）に併合された。パピルスの中には、シメオンがこの地で土地を獲得したことを証明する書類も含まれている。シメオンの財産は彼の妻ミリアム（マリア）に、さらにミリアムの死後娘であるババタに譲られた。ババタは二世紀初頭にエシュア・ベン・ヨセフと結婚した。エシュアはエンゲディの住民であったが、マホザへ移り住んだのである。二人の間にエシュアという息子が生まれたが、父エシュアは間もなく死亡。遺児エシュアは後見人の世話を受けることになるのだが、この後見人たちとババタとの争いがパピルス資料のかなりの部分を占めている。すなわち、二人の後見人の内の一人（ユダヤ人ヨハネ）が、ババタから委ねられたお金を約束通り月々きちんと被後見人（エシュア）に支払っていないというので、ババタは支払いを要求し、ついで一二五年一〇月一二日付けの資料では、後見人の保管しているお金を彼女自身の許へ移すことを要求している。しかしその結果はどうなったのであろうか。一三二年八月一九日にババタは先のヨハネに代わってエシュアの後見人となったその息子「ねこ背の」シモンに対して、エシュアの三か月分（八―一〇月）の養育費として六デナリの受け取り証を発行している。

ババタはおそらく一二四年に、エンゲディの富裕な家系であるクトゥシオン一族のユダ・バル・エレアザルと再婚した。ところがこの男にはエンゲディにミリアムという別の妻とシェラムズィオンという娘がいた。二番目の夫ユダも一三〇年以前に死亡した。その結果ユダの遺産をめぐってババタ、ミリアム、クトゥシオン一族の三者三巴の争いが始まるのである。この相続権争いが、パピルス資料のもう一つの中心点となっている。(64)

この「ババタ文書群」に属する三五のパピルスの内、六つがナバテア語（アラム語の一方言）で、三つがアラム語で、残り二六がギリシア語で記されている。ギリシア語パピルスの内九つには、ナバテア語またはアラム語あるいはナバテア、アラム両語による要約と署名が付されている。たとえば一三二年八月一九日付けの領収証では、ギリシア語の本文に続いてアラム語による要約が記され、さらにその要約のギリシア語訳が続き、最後に「私ことユダの息子ゲルマノスが（この書類を）書いた」とギリシア語で記されている。(65)

以上のような多方面の証拠資料を前にして、われわれはリフシッツと共に、紀元後一世紀のパレスチナにおいて「ギリシア語は都市の住民や教育ある人々のみでなく、地方の町や村に住むユダヤ人のかなりの数によって話されていた」と結論することを許されるであろう。(66) ガリラヤの村里の住民といえども、ある程度のギリシア語を用いることができたものと思われる。

註

（1） V. Tcherikover, *Hellenistic Civilization and the Jews*（Philadelphia: The Jewish Publication Society of America, 1966. 以下チェリコバーと略記）, pp.40f.; D. Auscher, Les relations entre Grèce et la Palestine avant le conquête d'Alexandre, *VT* 17（1967）, pp. 8–30.

（2） 厳密には polis（都市）と politeuma（町）を区別すべきであるが、われわれの問題にとってはこの区別はそれほど重要ではないので、「ギリシア都市」ということばで一括した。チェリコバーは前掲書九〇頁以下で両者を Greek towns ということばで一括している。なお以下のギリシア都市に関する記述は、主としてチェリコバー・九〇—一一六頁、M. Avi-Yonah, *The Holy Land*（Grand Rapids: Baker Book House, 1966, 1977）, pp. 33ff. および S. Safrai and M. Stern（eds.）, *The Jewish People in the First Century*, Vol. I（Philadelphia: Fortress Press, 1974）Ch. 2: Historical Geography of Palestine, by M. Avi-Yonah（以下アヴィヨナと略記）による。

（3） チェリコバー・一〇五頁。

（4） ヨセフス『ユダヤ古代誌』一三・三三二。M. Hengel（*Juden, Griechen und Barbaren*〔Stuttgart: KBW Verlag, 1976〕S. 186）はこれをプトレマイオス朝支配下のパレスチナの地図の中に、スュカミノポリスの名で入れている。アヴィヨナ・八二頁ではスュカミヌムとなっている。

（5） ヨセフス『ユダヤ戦記』三・四四六。

（6） ヨセフス『ユダヤ古代誌』一二・一八三。この町は前二一八年に自発的にアンテイオコス三世の支配下に入った。

（7） この点についてはチェリコバー・六三—七〇頁、セヴェンスター・一一二頁、F. M. Abel, *Histoire de la Palestine*, Tome I（Paris: J. Gabalda et Cie, 1952）, pp. 65–71, *CPJ* I, pp. 115–8参照。なお Y. Aharoni and M. Avi-Yonah, *The Macmillan Bible Atlas*, revised edition（N.Y.: Macmillan, 1977）, map 177 はゼノンの足跡をたどった便利な地図であるが、その解説には、マリサには行ってないとしているなど、不正確な点がいくつか認められる。

（8）翻訳底本としては *CPJ* Nos. 4, 5 を用い、編者の校訂（推読を含む）にそのまま従った。

（9）プトレマイオス三世の第二九年。これは彼が父王プトレマイオス二世との共同統治者となった前二八五年を第一年として計算したものと思われる。

（10）チェリコバー・七一頁参照。

（11）「奴隷」ということばは、ネヘミヤ記においては侮蔑の意味をこめて用いられているけれども、元来はなんらかの尊称あるいは官職名であった可能性もある。P. R. Ackroyd, *Israel under Babylon and Persia*（Oxford University Press, 1970）, p. 254 参照。

（12）チェリコバー・一二六頁、アックロイド前掲書二五四頁参照。

（13）この点については *CIJ* I, pp. 116–7 参照。

（14）アックロイド前掲書二五四頁。

（15）ヨセフス『ユダヤ古代誌』一二・一六〇の「さて、ヨセフなる人物は、年若いにもかかわらず、その気高い性質と思慮深さの故に、エルサレムの市民たちの間で正義の人であるという評判を得ていた。彼はトビアスを父とし、大祭司オニアスの姉妹を母として生まれた」における「トビアス」はわれわれのトゥビアスのことと考えてよい。

（16）ヨセフス『ユダヤ古代誌』一二・一五四—二二二、二二四、二二八—二三六。

（17）チェリコバー・一二六—一四二頁、M. Hengel, *Judentum und Hellenismus*（Tübingen: J.C.B. Mohr, 1969）, S. 51–54, 489–493; *Juden, Griechen und Barbaren*（Stuttgart: KBW Verlag, 1976）S. 48–50 参照。以下の再構成は基本的にこれら両者の研究に従っている。

（18）ヨセフ物語をプトレマイオス三世の時代に置く点において、チェリコバーとヘンゲルは一致している。もう少し年代を下げる者もある。

（19）チェリコバー・一三二—三頁、M. Avi-Yonah（*The Holy Land*, p. 35）, ヘンゲル（*Judentum und Hellenismus*, S. 51, 492; *Juden, Griechen und Barbaren*, S. 48）らは、それまで大祭司が代々兼務していた prostatēs の地位、すなわち経済的政治的にプトレマイオス王朝に対して民を代表する正式の地位（ヘンゲルはペルシヤ時代の peḥāh

にあたると言う）がヨセフのものとなったとしている。

(20) この間、大祭司オニアス三世の時代に、ヒルカノスがエルサレムに大祭司を中心とするなんらかの支持勢力を得ていた時期があったことは、第二マカベア書三10―13より明らかである。

(21) 註2にあげた文献参照。

(22) チェリコバー・一〇一―二頁参照。これら両都市の位置は必ずしも明瞭でない。ヨセフス『ユダヤ古代誌』一三・三九三、『ユダヤ戦記』一・一〇五参照。通説によればセレウキアはセメコニティス湖の南東約一六キロメートルの所にあった。

(23) アッコスの孫エウポレモス（第一マカベア書八17、第二マカベア書四11）、ヤソン（第一マカベア書八17）、アンティオコスの息子ヌメニオスとヤソンの息子アンティパトロス（第一マカベア書一二16、一四22）。

(24) E. Schürer, *The History of the Jewish People in the Age of Jesus Christ*, Vol. I (A New English Version, Edinburgh: T. & T. Clark, 1973), p. 604.　一つは「王イェホナタン（ヘブル語）・王アレクサンドロス（ギリシア語）」、今一つは彼の治政の二〇年と二五年すなわち前八三年と七八年のもので、アラム語ギリシア語共に「王アレクサンドロス」と刻印してある。『旧約新約聖書大事典』（教文館、一九八九年）三一一頁の写真参照。

(25) S. Safrai and M. Stern (eds.), *The Jewish People in the First Century*, Vol. II (Philadelphia: Fortress Press, 1976), Ch. 22: Greek in Palestine and the Diaspora, by G. Mussies, p. 1044.　この貨幣の写真は『新聖書大辞典』（キリスト新聞社、一九七一年）付録九八頁貨幣A―4と前註に挙げた『聖書大事典』三一一頁に見ることができる。

(26) ヨセフス『ユダヤ古代誌』一四・八八、『ユダヤ戦記』一・一五五―一六六。

(27) 以上の記述については、註2であげておいたチェリコバーおよびアヴィヨナの外に、E. Schürer, *Geschichte des jüdischen Volkes im Zeitalter Jesu Christi*, II (Leipzig, 1907, Nachdruck, Hildesheim: Georg Olms Verlagsbuchhandlung, 1964), S. 94–222をも参照。本文にあげなかったギリシア都市として、ガリラヤのセッフォリス、ガリラヤ湖のはるか東方のカナタ（民数記三二42、歴代志上二23のケナテ）、ラファナ（第一マカベア書のラフォン）などをあげることができる。

(28) Y. H. Landau, A Greek Inscription Found Near Hefzibah, *IEJ* 16 (1966), pp. 54–70.

(29) ヨセフスは、ユダヤ人に関係した事柄の場合も含めて、カェサルによる布告はギリシア語とラテン語で刻まれていたと伝えている。『古代誌』一五・一九一、一九七、一四・三一九参照。

(30) ヨセフスに対するギリシア語の助手の問題については、セヴェンスター・七五頁註1参照。

(31) この文の意味は必ずしも明瞭ではない。フェルドマンはロエブ（Loeb）版で "after having gained a knowledge of Greek grammar" と訳し、訳註で "after acquiring practice in writing" という別訳を提案している。

(32) 「詩文の学習」（kai tōn poiētikōn mathēmatōn）を含まない写本があることから、これを除き、「ギリシア語の習得に熱意を傾け」あるいは「ギリシアの教養の習得に……」と解する者もある。セヴェンスター・六七、六八頁参照。

(33) ロエブ版フェルドマン訳は「私が普段母語を用いていたことが」。

(34) 『ユダヤ古代誌』二〇・二六三―五については、セヴェンスター・六五―七一頁、および、フィッツマイヤー「パレスチナの言語」五一一頁参照。

(35) 前記（註25）G. Mussies の論文によれば、トランスヨルダンを除くパレスチナのユダヤ人によるギリシア語碑文は四四〇を数え、その内訳はヨッパの墓地に六九（後二―三世紀）、ベテ・シェアリムに一九六（後一―四世紀）、エルサレムの骨入れに九〇（前二世紀―後二世紀）、その他であると言う（一〇四二頁）。これはきわめて大雑把なまとめである。

(36) ヨセフス『ユダヤ戦記』五・一九三―四、六・一二五、『ユダヤ古代誌』一五・四一七、フィロン『ガイウスへの使節派遣』二一二。

(37) セヴェンスター・一一六頁のギリシア語テキストに従って訳出した。

(38) セヴェンスター・一三一―二頁のギリシア語テキストに従って訳出した。

(39) ta khrēstēria tōn hydatōn. khrēstērion は「神託、託宣、（託宣を受ける者が神に献げる）献げもの、犠牲」の意であり、本文のような意味の用例は他には無いように思われる。

(40) セヴェンスター・一三二頁参照。

(41) この碑文については所有者によって「一八七八年にナザレから運ばれた」と記されているのみで、正確な出土場所などは不明である。しかし確実な反証がないかぎり、ナザレ出土と考えるのが、右の記述の自然な帰結であるように思われる。さらに詳しくは、セヴェンスター・一一七―一二〇頁参照。以下の訳は、セヴェンスター・一一七―八頁のギリシア語テキストによる。

(42) セヴェンスター・一一九―一二〇頁。

(43) この碑文の解釈については、『原典新約時代史』（山本書店、一九七六年）七八―九頁に詳しい解説がある。

(44) セヴェンスター・一〇三―七頁。碑文の実態については、B. Lifshitz, La nécropole juive de Césarée, *RB* 71 (1964), pp. 384–7; Inscriptions de Césarée en Palestine, *RB* 72 (1965), pp. 98–107; Inscriptions de Césarée, *RB* 74 (1967), pp. 150–9 参照。

(45) セヴェンスター・一〇一―三頁。註35参照。

(46) J. Finegan, *The Archeology of the New Testament* (Princeton: Princeton University Press, 1969. 以下フィネガンと略記), pp. 203ff. 参照。発見から発掘に至る経緯については Jacob Kaplan, "I, Justus, lie here": The Discovery of Beth Shearim, *BA* 40 (1977), pp. 167–171 に詳しい。

(47) セヴェンスター・一四一頁。カプランは前掲論文一七〇頁に「地下墳墓で発見された碑文の大部分がギリシア語であり、ヘブル語あるいはパルミュラ語はほんの一〇パーセントほどに過ぎない」と記している。

(48) カプラン前掲論文（注46）一七〇―一頁。

(49) 註35およびセヴェンスター・一三九―一四〇頁参照。

(50) 骨入れについてさらに詳しくは、フィネガン（註46参照）二二三頁以下、特に二二六頁以下、*The Interpreter's Dictionary of the Bible*, Supplementary Volume (Nashville: Abingdon Press, 1976), pp. 905–8 所収の 'Tombs' by E. M. Meyers, および E. M. Meyers, *Jewish Ossuaries: Reburial and Rebirth* (Rome: Biblical Institute Press, 1971); Secondary Burials in Palestine, *BA* 33 (1970), pp. 2–29 参照。

(51) フィネガン・二二九頁。

(52) N. Avigad, A Depository of Inscribed Ossuaries in the Kidron Valley, *IEJ* 12 (1962), pp. 1–12.

(53) フィネガン・二四〇―二頁、D. Fishwick, The Talpioth Ossuaries Again, *NTS* 10 (1963), pp. 49–61.

（54）　L. Y. Rahmani, *IEJ* 17（1967）, p. 100.

（55）　原文はεὐφραίνεστε οἱ ζῶντες/[τ]ὸ δὲ（λοι）πὸ[ν...] πεῖν ὅμα φα[γεῖν]．テキストはP. Benoit, L'inscription grecque du tombeau de Jason, *IEJ* 17（1967）, pp. 112f. およびB. Lifshitz, Notes d'épigraphie Palestinienne, *RB* 73（1966）, pp. 248–257による。

（56）　ムラバート出土ギリシア語資料の解説、テキスト、仏訳、註解は、P. Benoit, J. T. Milik, R. de Vaux, *Les grottes de Murabb'ât*（DJD 2; Oxford: Clarendon, 1961）, pp. 216–280を参照。

（57）　*IEJ* 15（1965）, p. 110.

（58）　B. Lifshitz, The Greek Documents from Naḥal Ṣeelim and Naḥal Mishmar, *IEJ* 11（1961）, pp. 53–62および、セヴェンスター・一六六―九頁参照。

（59）　同箇所参照。

（60）　拙訳はフィッツマイヤー「パレスチナの言語」五一四頁所載のギリシア語テキストによる。

（61）　同論文五一四―五頁参照。

（62）　セヴェンスター・一七二―三頁、J. A. Fitzmyer, *Essays on the Semitic Background of the New Testament*（London: Chapman, 1971; paperback, Missoula: Scholars' Press, 1974）, p. 308 n. 9.

（63）　J. T. Milik, *Ten Years of Discovery in the Wilderness of Judaea*（Studies in Biblical Theology. 1/26; London: SCM, 1959, 2nd Impression 1963）, pp. 30–32.

（64）　Y. Yadin, Expedition D—The Cave of the Letters, *IEJ* 12（1962）, pp. 227–257; H. J. Polotsky, The Greek Papyri from the Cave of the Letters, *IEJ* 12（1962）, pp. 258–262.　セヴェンスター・一六〇―五頁。

（65）　フィッツマイヤー「パレスチナの言語」五二二頁。

（66）　B. Lifshitz, L'hellenisation des Juifs de Palestine, *RB* 72（1965）, pp. 520–538（citation from p. 523）.　セヴェンスターの書物はこの点の論証を目的としている。さらにフィッツマイヤー「パレスチナの言語」五〇七―五一八頁参照。

〔付記〕　なおN・ターナーは「新約聖書のギリシア語はセプトゥアギンタのギリシア語に連なる、〔聖書ギリシア語〕と称すべき一種の聖言語であり、ヨハネ黙示録こそこの聖言語の精華である。イエスも（少なくともガリラヤにおいて）このギリシア語を日常語として使用した。これはコイネーと区別されるべき、独特の言語である」（要旨）と述べているが（序註4に挙げた彼の著書一七四―一八八頁）、これはまことに危険な反動的な立場であり、資料の支持を見出しえないであろう。

第二章　ヘブル語

アッシリア帝国の終わり頃からしだいに国際語として重要性を増し加えて来たアラム語は、ユダヤ地方においても上流階級を中心として浸透していったものと思われる（六七―六八頁参照）。しかしアラム語が一般のユダヤ人によっても広く用いられるようになったのは、バビロン捕囚以降のことであろう。アケメネス朝ペルシア帝国の支配下にあって、ユダヤ人の間でも、アラム語が日常語として重要な位置を占めるようになった。しかしながらヘブル語が生きた言語としては全く用いられなくなったと考えるのは誤りである。(1)

ペルシア時代以降にも旧約聖書に属するいくつかの文書がヘブル語で記されていることは、あらためて指摘するまでもないであろう。前二世紀の初頭には外典「ベン・シラの知恵」がヘブル語で記され、さらに前一六五年に最終編集がなされたダニエル書も二4―七28（アラム語部分）以外はヘブル語で記されている。また前一三四―一〇四年に著されたと考えられる(2)「第一マカベア書」の原語は、ヘブル語であったとみなされている。(3)「ベン・シラの知恵」と「第一マカベア書」のみでなく、旧約聖書外典の多くについて、その原語がヘブル語であった可能性が指摘されている。(4)さらに旧約聖書偽典の多く、たとえば「ヨベル書」「ソロモンの詩篇」「第四エズラ書」「イザヤの殉教」「アダムとエヴァ

の生涯」「十二族長の遺訓」の少なくともある部分などもヘブル語が原語であったと思われる。(5)

これらの外典偽典と同時代、すなわち前三ないし二世紀から後一世紀に年代づけられるクムラン写本（文書）は、この時代のヘブル語文献をその原語で伝えているゆえにきわめて重要である。クムランにおいては、聖書写本を除いても、ヘブル語写本の数がアラム語写本の数を圧倒的に上回っている。ラビンは右に述べた捕囚期後の文献に用いられているヘブル語を後期聖書ヘブル語 late biblical Hebrew と名付け、その年代を大体前五〇〇年頃から前一世紀後半までとしている。(6)

後期聖書ヘブル語と並行して、前二世紀後半から、ラビンによって混合言語 mixed language と名付けられたヘブル語が登場する。これは聖書ヘブル語の文法・構文と、聖書およびミシュナ・ヘブル語の語彙の混在したヘブル語である。ラビンによればこのヘブル語によって『ミシュナ』や両「タルムード」などのラビ文献の中にその断片が保存されているハスモン王朝時代に関する歴史書と、典礼・祈禱書が記された。(7)

さらに下って、後二〇〇年頃には『ミシュナ』が、いわゆる「ミシュナ・ヘブル語」を用いてまとめられた。われわれは『ミシュナ』の編纂が長期にわたるものであることを知っている。さらに両「タルムード」をはじめとするラビ文献においては、アラム語と並んでヘブル語が用いられている。

このようにユダヤ人はパレスチナにおいて、ペルシア時代、ギリシア時代（プトレマイオス、セレウコス両王朝支配下）、ハスモン王朝時代、ローマ時代を通じて、途切れることなくヘブル語文献を生み出し続けていたのである。

これに対して、右にあげた証拠は一種の文語（literary language）としてのヘブル語の使用を示すのみであり、口語日常語としてのヘブル語の使用はこれら文献資料のみでは証明されない、という反論があるかもしれない。しかしまず第一に、これだけ豊富な文献がヘブル語で著され、そして読まれていたということは、少なくともある程度の――たとえばある地域、ある社会層や集団における――ヘブル語の日常的使用を前提しないであろうか。ラビンは後期聖書ヘブル語文献の存在は、一般民衆にとってアラム語よりもヘブル語の方が読みやすかったことを示している、と言う。(8) 最近、ミシュナ・ヘブル語が基本的には口語体から発展したものであるとする立場が有力である――それはただちに、『ミシュナ』のヘブル語が一世紀のパレスチナの口語ヘブル語であるということを意味するわけではないけれども。(9) その点にはさらに後でたちかえることとして、われわれはここで、碑文や非文学的パピルスなどに眼を向けてみたいと思う。

この分野において、ヘブル語の日常的使用を示す例は確かに多いとは言えない。フィッツマイヤーは、クムラン以外に、後一世紀のパレスチナのヘブル語碑文としては、キデロンの谷で発見されたベネ・ヘジル（Bᵉnê Ḥᵉzir「ヘジルの子ら」）の墓碑銘と、ベテパゲの骨入れ（ossuary）のふたの碑文（葬儀屋の雇人に対する賃金表）をあげうるのみだと言う。(10) 他の報告によれば、オリブ山の Dominus Flevit（「主が泣いた」の意）と呼ばれる場所で、一九五三―五年にかけて発掘された、第一次ユダヤ戦争（後六六―七四年）以前の骨入れの内、七つにヘブル語の、一一にアラム語の、一一にギリシア語の碑文が刻まれていたとのこと。(11) その他にもセム語による墓碑銘（骨入れの碑文）は多いが、それらはほとんど名前だけのことが多く、それらにしばしば現れる「息子」を意味するヘブル語 ben とアラム語 bar とは、ヘブル、アラム両語の中で自由に互換的に用いられているため、その碑文がヘブル語かアラム語かの決め手にはならない。[12]

クムラン第三洞窟出土の「銅の巻物」（The Copper Scroll. 3Q15. DJD III, 201ff.）は、エッセネ派（クムラン宗団）とは無関係である可能性が高い。旧約聖書のヘブル語に近い後期聖書ヘブル語で記されている他のクムラン写本と異なり、これはミシュナ・ヘブル語で記されており、その年代は後三〇―一三〇年（J・T・ミリク）ないしは後二五―七五年（F・M・クロス）と想定されている。[13] 銅板に刻まれたこのテキストは、エルサレムおよびその周辺各地の貯水池や墓の中などに、莫大な量の宝物が隠されていることを伝えている。J・M・アレグロは、実際この巻物の指示に従っていくつかの地点を発掘したが、何も発見できなかった。[14]

一九五二年のムラバートの洞窟の調査により、数多くの羊皮紙、パピルス、オストラコンが発見された。これらの大部分は第二次ユダヤ戦争（後一三二―五年）およびその少し前の時期のものと想定されている。これらは主としてアラム語、ギリシア語、ヘブル語で記されている。[15]

これらの内ヘブル語を用いているのは、七[16]（契約書?）、二二（土地売却証書。後一三一年）、二四（土地借用証書。後一三四年）、二九（販売?証書。後一三三年）、三〇（土地売却証書。後一三四年）、三六（契約書断片）、四二（ベテ・マシュコ村の行政官たちから、陣営の最高司令官エシュア・ベン・ガルグラへ宛てた手紙。ヨセフ・ベン・アリスティオンに対して一人の村人により牛が売却されたことを報告している）、四三、四四（シモン・ベン・コシバ〔＝バル・コクバ〕の手紙）、四五―四八（書簡）などである。これらの内、二四、四三、四四の内容を以下に訳出して紹介する。

二四（＝Mur 24E）[17]

シモン・ベン・コシバによるイスラエルの解放の第二年、シェバトの月の二〇日（後一三四年二月初め）に、ヘロディウムにある陣営において、エフダ・ベン・ラッバはヒッレル・ベン・ガリス（シモン・ベン・コシバの代理人）に宣言した。「私は、私の自由な意志によって、今日あなたから農場を借りた。それはイル・ナハシュにあって私が借用するもので、イスラエルの君シモンから借りたものである。この土地を私は今日から赦しの年（七年ごとの安息年。出エジプト記二三10、11参照）の前年の終わりまで、まる五年間、あなたから借りることになった。ヘロディウムにおいて私が支払う借地料は以下のごとくである。十分の一を納めてある、良質、純粋な小麦三コルと一レテク（約七七〇リットル）……これらをあなたは穀倉へ納めるであろう。このようにして、この証書は私に対して有効である」。エフダ・ベン・ラッバ、彼自身のために（署名）。何某の子何某口述筆記。

四三（＝Mur 43）[18]

シモン・ベン・コシバからエシュア・ベン・ガルグラおよび砦の人々に、平安あれ。私は天を証人としよう（天にかけて誓う）。もしもあなたがたと一緒にいるガリラヤ人たちの一人でも虐待されるならば、私はベン・アフルルにしたように、あなたがたの足に鉄鎖をかけるであろう。シモン・ベン・コシバ、彼自身のために（署名）。

四四（＝Mur 44）[19]

シモンから〔陣営の最高司令官〕エシュア・ベン・ガルグラへ、平安あれ。あなたは大麦五コルを〔　〕私の家へ送ってよこしなさい。（この後意味不明）。また彼らのために自由な（？）場所を用意しなさい。彼らをあなたの近くのそこ（？）に留まらせ、安息日を〔守らせ〕なさい。彼らが心に喜びを覚えるよう配慮しなさい〔　〕。勇気を出して〔その〕場所を補強しなさい〔　〕。ごきげんよう。私はさらに〔　〕に命じた。彼は彼の小麦をあなたに与えるでしょう。[20]

さらにエンゲディの南西約六キロメートルのワディ・ハブラ（ナハル・ヘヴェル）では、一九六〇―一年にかけての発掘の結果、ヘブル語、アラム語、ギリシア語の記された多数のパピルスおよび一つの木片が発見された。これらの内、①一まとめになった一四枚のパピルスと一枚の木の板はバル・コクバが発信人となっている手紙で、その内三つがヘブル語で、二つがおそらくヘブル語で、二つがギリシア語で、残る八つがアラム語で記されている。[21] ②同じ洞窟の別の場所から、「ババタ文書群」（Babatha Archives）と呼ばれる一群の文書群が発見された。これらについては四三頁以下参照。この中にはヘブル語のものはない。③同じ洞窟から発見された「エンゲディの住民の文書群」と呼ばれる文書群は、その大部分がヘブル語で記されている六つの資料（パピルス？）から成る。これらはエンゲディにおけるバル・コクバの司令官たちと住民たちとの間における、土地貸借をめぐる行政上の問題を取り扱っている。[22] 以下に①に属するヘブル語の手紙の冒頭の四行を紹介しよう。[23]

バル・コクバの手紙（一二＝Hev 12）

シモン・バル・コシバから、エンゲディの人々、マサバラ、エホナタン（ヨナタン）・バ〔ル〕・バヤンに、平安あれ。君たちは安楽な生活をし、イスラエルの家の財産を食いかつ飲みつくしており、諸君の兄弟たちのことを少しも心にかけていない……

①に属する手紙は、宛名の解読できるものは、七六―七七頁に訳出した一五以外はすべて、ヨナタンとマサバラ、またはヨナタンに宛てられている。したがってこれらの手紙は、ローマ軍の追撃をうけてこの洞窟へ逃れたヨナタン・バル・バヤンなる人物（またはマサバラ。いずれもおそらくバル・コクバの司令官）によって運び込まれたものであろう。

これらがヘブル、アラム、ギリシアの三つの言語で記されていることは、われわれのテーマにとってきわめて大きな意味を持つ。三言語並用現象は、ムラバート洞窟出土資料においても認められた。しかしワディ・ハブラ（ナハル・ヘヴェル）出土のバル・コクバ書簡は、バル・コクバ自身（ないしはその本陣）が同じ受信人（ヨナタン）に対して、三つの言語で手紙を送っていることを示しているがゆえに、重要なのである。この時代には民族主義的な立場からヘブル語復興がなされたのだ、としばしば言われている。たとえば前二世紀のマカベア戦争の時代にも同様の現象が想定される。確かに外典偽典中のいくつかの書物は、そのような民族主義的なヘブル語復興の波に乗って、ヘブル語で記されたかもしれない（たとえば「第一マカベア書」）。しかしマカベア戦争の二、三〇年前にも、「ベン・シラの知恵」がヘブル語で著されているのである。バル・コクバ時代のヘブル語復興論については、民族主義的反ローマ運動は前六三年のポンペイユスのエルサレム（至聖所）侵入以来途切れることなく続いていること、したがって民族主義がヘブル語復興を呼び起こしたとするならばすでにその時代からヘブル語が復興していたと考えねばならないこと、が指摘されるであろう。そして実際、ローマによるパレスチナ支配の開始以来、民族主義的な立場からヘブル語の使用が推し進められたかもしれない。しかし民族主義的な反ローマ戦争の指導者であるバル・コクバ自身が、アラム、ギリシア両語でも手紙を書いていることは、[24]ヘブル語使用の理由を民族主義にのみ求めるのは不適切であることを示している。

この点をさらにはっきりと示しているのが、四二頁に訳出したギリシア語の書簡である。これがバル・コクバ自身ないしは彼に近い人物から発せられたものであることは四二頁に述べたとおりである。この手紙の中に、「ヘブル語で[25]書こうというホルメー（hormē 衝動）が見出せないから、ギリシア語で書いた」と明瞭に記されている。つまりどの言語を用いるかはその時の気分次第と言うわけである。これによって、民族主義的なヘブル語復興を強調することの誤まりであることは、明らかである。

ろう。

同じことは、クムラン写本の中に、『外典創世記』のようなアラム語文献と並んで、ヨブ記およびレビ記のタルグム（11Qtg Job, 4Qtg Job, 4Qtg Lev）が存在していることによっても示される。すなわちクムラン宗団のような民族主義的なグループの中にすら、ヘブル語聖書を理解できない人々あるいはアラム語訳聖書を用いる人々がいたことを示していると考えられるのである。

ミリクは、右に挙げた「銅の巻物」、ムラバート、ハブラ出土のヘブル語資料がミシュナ・ヘブル語で記されているとの観察のもとに、「ミシュナ・ヘブル語がローマ時代のユダヤの人々の日常的な言語（the normal language）であったことは疑いなく明瞭」になったとしている。[26]

C・H・ゴードンは、ミシュナ・ヘブル語は一般民衆の言語であり、旧約時代のパレスチナの日常語から発展したものであると述べ、ミシュナ・ヘブル語の中に旧約聖書の中には現れない daq（「薄い、小さい」の意）や malógh（妻の持参金）のような、古いウガリット語からの借入語が認められることは、それらが古い時代から日常の口語の中に生き続けてきたことを示している、と論じている。[27]

さらにラビンは、ミシュナ・ヘブル語を口語としてのアラム語と文語としての聖書ヘブル語の混成語である一種の人工語であるとする一九世紀以来の立場に対して、ミシュナ・ヘブル語を長期間にわたって生き続けてきた民衆の言語とする自説の論拠として、以下の点を挙げている。①ミシュナ・ヘブル語のいくつかの特徴は聖書ヘブル語とアラム語の相互影響としては説明できない（この点はすでにセガルが指摘している）。②聖書ヘブル語で書かれている死海写本の中にも、無意識的にミシュナ・ヘブル語の現れることがある。③六―九世紀、南パレスチナのメルキト派の手になるアラム語文献にもミシュナ・ヘブル語法が見出される。④七十人訳聖書がヘブル語を聖書ヘブル語の意味にではなく、ミシュナ・ヘブル語の意味に解している場合がある。⑤サマリア人の聖書ヘブル語の理解にも、ミシュナ・ヘブル語との類似が認められる。⑥ミシュナ・ヘブル語において、聖書ヘブル語の פנים（顔）、כסף（お金）、איך（いかに）が各々 פרצוף, ממון, היאך に取って代わられている。(28)

われわれはこれら碩学の説が基本的に正当なものであることを認めるにやぶさかではないが、フィッツマイヤーの言うように、この時代の口語としてのヘブル語の位置を余りに過大評価することに対しては慎重にならざるを得ない。口語としてのヘブル語の使用はやはり限定されたものであったと思われる。また紀元前後頃の口語ヘブル語がすなわちミシュナ・ヘブル語であったと言うわけではなく、後者は前者から発展したものと考えるべきであろう。(29)

村岡崇光氏は、紀元前後数世紀におけるパレスチナのユダヤ人社会の言語状況について、次のように記している。「……死海文書やバル・コクバ書簡の発見以後、ヘブル語に関する見方は著しい変化をきたした。それ以前にも、セガルは『ミシュナ』ヘブル語が中世ラテン語と比較しうる人工的な学者の言語であるという通説に反対し、むしろこれが聖書時代末期から連綿として続く民衆の言語の発展線上に位置づけられることを示したが、前述の新文書出土以後は、話しことばとしてのみならず書きことばとしても、少なくともある地域、ある社会層においては生きた、創造的なことばとしてヘブル語がその当時使用されていた、と今日では考えられるようになった」[30]。この観察が正当であることは、以上のわれわれの検討によって、明らかであろう。

註

（1）フィッツマイヤー「パレスチナの言語」五二八頁。

（2）K. Toki, The Dates of the First and Second Books of Maccabees, *Annual of the Japanese Biblical Institute*, III (1977), pp. 69–83.

（3）教文館版『聖書外典偽典』1所収の「第一マカベア書」概説参照。

（4）現在では全体としてはギリシア語（およびラテン語）によって伝えられている旧約外典のうち、その原本がギリシア語で著されたのは「第二マカベア書」と「ソロモンの知恵」のみである。教文館版『聖書外典偽典』1、2所収の旧約外典各概説参照。「トビト書」についてはクムランにおいて三つのアラム語写本と一つのヘブル語写本が発見されており、ミリクはアラム語が原語であった可能性を示唆している（J. T. Milik, *Ten Years of Discovery in the Wilderness of Judaea*, p. 31)。

（5）「シリア語バルク黙示録」もヘブル語が原語であった可能性があり、「スラヴ語エノク書」に対してヘブル語原語説を唱える者もある。教文館版『聖書外典偽典』3、4、5、8補遺I、およびL・ロスト著『旧約外典偽典概説』（邦訳、教文館）と拙著『旧約聖書外典偽典概説』（教文館、二〇一〇年）所収の各文書の概説参照。

（6）S. Safrai and M. Stern (eds.), *The Jewish People in the First Century*, Vol. II, Ch. 21: Hebrew and Aramaic in the First Century, by Ch. Rabin (Philadelphia: Fortress Press, 1976), p. 1015.　以下ラビンと略記。

（7）ラビン・一〇一五—七頁。

（8）ラビン・一〇一四頁。

（9）J. E. Emerton, The Problem of Vernacular Hebrew in the First Century A.D. and the Language of Jesus, *JThS* 24 (1973), pp. 1–23, especially p. 2.　さらに本書六一頁以下参照。

（10）「パレスチナの言語」五二九頁。前者は後一世紀のものと推定され、碑文の内容から、ヘジル一族（歴代志上二四15、ネヘミヤ記一〇20参照）という祭司の家系の墓であることがうかがわれる。フィネガン（第一章註

46参照）一九三頁参照。

（11）*RB* 66（1959）pp. 299–301 の R. de Vaux の報告による。これらの内のいくつかは、フィネガン・二四三—八頁に詳しく紹介されている。フィネガンによればその年代は前一三五—後七〇（ないしは一三五）年である。

（12）フィッツマイヤー「パレスチナの言語」五二九頁。

（13）DJD III, p. 217 および *The Jerome Biblical Commentary*（Englewood Cliffs: Prentice-Hall, 1968）68 : 82, p. 551 参照。

（14）*The Jerome Biblical Commentary* 前掲箇所。アレグロは、この巻物は熱心党員が後六八年にエルサレム陥落に先立って宝物を隠した場所を示すものと考えている、とのことである。

（15）その他に、わずかのラテン語パピルス（Mur 158–163）およびオストラコン（Mur 168）とナバテア語パピルス断片（Mur 71）がある。なお Mur 1, 2……の記号はムラバート出土資料の整理番号（DJD II による）を示す。

（16）以下、前註に示した番号を和数字で示す。

（17）拙訳は J. A. Fitzmyer, *Essays on the Semitic Background of the New Testament*, pp. 325–8 の英訳からの重訳である。原則として英訳で〔　〕内に記されている復元された部分を特に示さず、他とつなげて訳出した。（　）内は訳者（土岐）による説明的補足。以下同様。

（18）拙訳はフィッツマイヤー前掲書三三九頁の英訳からの重訳。

（19）同書三四〇頁の英訳からの重訳。〔　〕はテキストの欠損あるいはフィッツマイヤーによる再構成を示す。

（20）以下‘, other［　］the Sabbath they will take up（’ḥr〔　〕hšbt yṭlwn）’の部分は意味不明につき省略した。

（21）Y. Yadin, Expedition D, *IEJ* 11（1961）, pp. 36–52 の報告による。

（22）*The Interpreter's Dictionary of the Bible*, Supplementary Volume（Nashville: Abingdon, 1976）, p. 91 および *IEJ* 12（1962）, pp. 248–257 におけるY・ヤディンの報告による。

（23）拙訳はフィッツマイヤー前掲書（註17）三三六頁の英訳に基づく重訳である。訳出した部分のテキストと英訳は Y. Yadin, Expedition D, *IEJ* 11（1961）, p. 46 にある。なお番号はヤディンの報告に基づくが、Hev 12 という記号はフィッツマイヤーに従ったものである。彼はヤディンの報告に基づいて、ナハル・ヘヴェル出土のテキストを Hev 1, 2……と名付けている。

（24）正確には、バル・コクバ書簡のいくつかは、バル・コクバの指示により彼の秘書（?）が自ら発信人となって書いている。その場合には、「アラム、ギリシア両語でも手紙を書くことを許した」と言うべきかもしれない。

（25）原語は hebraesti（= hebraisti）. この語は「アラム語で」の意味かもしれない。とすれば、われわれの論点はさらに強められる。

（26）J. T. Milik, *Ten Years of Discovery in the Wilderness of Judaea*, p. 130.

（27）C. H. Gordon, Hebrew Language, in *The Interpreter's Dictionary of the Bible*, Supplementary Volume, p. 392.

（28）ラビン（註6参照）一〇二一―四頁。彼はさらに、ミシュナ・ヘブル語において時制（テンス）が様態（アスペクト）ではなくて過去・現在・未来といった時を表現するようになったのは、アラム語の影響と言うよりは、パレスチナにおけるギリシア語の影響であるとしているが（一〇二四頁）、この点はなお検討を要するように思われる。

（29）「パレスチナの言語」五三〇―一頁、さらに Methodology in the Study of the Aramaic Substratum of Jesus' Sayings in the New Testament（序註2）, p. 81 参照。

（30）教文館版『聖書外典偽典』1「旧約外典I」、三〇頁。

第三章　アラム語

アラム語は北西セム語の一言語であり、同じ北西セム語に属するヘブル語とは互いに近い関係にある。しかしヘブル、アラム両言語の起源に関してはなお不明の点が多く、両者の関係をその起源にさかのぼって論ずることはできない。

最初にアラム語の歴史に簡単にふれることにしたい。フィッツマイヤーはアラム語の歴史を五つの時期に分けている。Ⅰ 古アラム語（Old Aramaic）。Ⅱ 公用アラム語（Official Aramaic）。帝国アラム語（Imperial Aramaic, Reichsaramäisch）とも呼ばれる。Ⅲ 中期アラム語（Middle Aramaic）。Ⅳ 後期アラム語（Late Aramaic）。Ⅴ 近代アラム語（Modern Aramaic）。(1)

Ⅰ 古アラム語は、シリア、パレスチナ、北メソポタミア出土のアラム語碑文によってうかがうことができる。それは、フェニキア・アルファベットを用い、カナン語の影響を示している。年代はほぼ前九二五年―七〇〇年である。(2)

Ⅱ アッシリア帝国の時代、前一一―一〇世紀にかけてアッシリアの支配をおびやかした各地のアラム人勢力は、九―八世紀にかけて衰退して行ったが、それとともに、アラム語は「アッシリア大帝国の領内に広く深く浸透し、商用語、公用語、外交語としてアラム語は、アッシリア語（アッカド語）とならんで、重要な役割を果た」すに至った。(3)

前七二一年にアッシリア人が北王国イスラエル（サマリア）に「バビロン、クタ、アワ、ハマテおよびセパルワイム」（列王紀下一七24）の人々を入植させた時、これらの入植者たちはアラム語が母語ではなかったとしても、新しい入植地においては互いに意思を通じ合うためにアラム語を用いたはずであり、それによってこの地方一帯にアラム語が広まるのを促したものと考えられる。(4)

列王紀下一八26（＝イザヤ書三六11）の記事により、われわれは、当時（前七〇一年）すでにアラム語が国際的な外交語として用いられていたこと、ユダヤ人の高官はアラム語を用いることができたが、ユダヤ人の一般民衆はアラム語を理解できなかったこと、をうかがうことができる。

アッシリア帝国にとってかわった新バビロニア帝国においても、アラム語は用いられ続け、アラム語は前六世紀にはメソポタミア地方の口語となっていた。バビロニアへ移された捕囚のユダヤ人たちはアラム語を習得せざるを得なかった。やがてペルシア時代になってバビロニアからパレスチナへ帰還した人々は、おそらくすでにアラム語化が進んでいたであろう祖国に、新しいアラム語の波を持ち込んだ。(5)

アラム語の重要な役割は、ペルシア帝国（アケメネス朝）にも受け継がれた。「アラム語が唯一の公用語ではなかったにしても、少なくとも、この王朝と西方とのあいだにはアラム語が公用語として大いに機能を発揮した」(6)。こうしてアラム語はエジプトから西南アジアへかけてのオリエント一帯において、最も広く通用することばとなり、(7)パレスチナのユダヤ人にとってアラム語はますます身近なものとなった。エズラが民の前でトーラーを朗読した時に「その意味を解き明かした」(mephōrāsh)と言われているのは、おそらくアラム語の通訳が付いたことを意味するものであろう(8)。もしもそうだとすれば、ユダヤ人の中にすでにヘブル語を理解できない者たちもいたことになる。

ナイル河上流のエレファンティネ出土のパピルス文書(前五〇〇年頃―四〇〇年頃)は、その時代にそこに入植していたユダヤ人がアラム語を自由に用いることができたことを示している。ただしそれがただちにパレスチナの言語状況を反映しているとみなすことができないことは、言うまでもない。エレファンティネ・パピリについて詳しくは拙著『初期ユダヤ教研究』(新教出版社、二〇〇六年)二八―二九頁参照。

この時代、すなわちだいたい前七〇〇―二〇〇年頃のアラム語を、公用アラム語あるいは帝国アラム語と呼ぶ。公用アラム語によるテキストや碑文は、エジプト、アラビア、パレスチナ、小アジア、シリア、メソポタミア、ペルシア、アフガニスタン、パキスタンなど各地で発見されている。エズラ記四8―六18、七12―26や、ダニエル書二4―七28は、このアラム語で記されている。

Ⅲ　ペルシア帝国の崩壊・ヘレニズム時代の開始と共にアラム語が公用語としての地位をギリシア語に譲ったことにより、統一的標準的な共通語としての公用(帝国)アラム語は各地方ごとに方言化していった。この時代、だいたい前二〇〇―後二〇〇年のアラム語を、中期アラム語と呼ぶが(9)、その年代は地方によって異なることは当然である。

中期アラム語は、大きく二つの方言グループに分けられる。㈠パレスチナとアラビアのアラム語。これには、ナバテア語、クムラン写本のアラム語、パレスチナ出土の骨入れ(ossuary)の刻文のアラム語、初期ラビ文献のアラム語などが属する。われわれの探し求めるアラム語もこのグループに属することは言うまでもない。㈡シリアとメソポタミアのシリア語。パルミュラ（タデモル）、ハトラ（北緯三六度、東経四三度付近）地方の方言や、おそらくバビロニアにおける初期ラビ伝承の言語が、ここに属している。

Ⅳ　後二〇〇年以前に、西方アラム語と東方アラム語を区別することができるか否かについては、議論が分かれている。グリーンフィールドは中期にもすでに東西アラム語の区別を認めているのに対して、フィッツマイヤーは慎重な態度を取っている。いずれにせよ後二〇〇年以降、だいたい後七〇〇年頃までの後期アラム語においては、東西の区別は明瞭に認められる。（下限は厳密なものではなく、もう少し後の時代も含ませるべきかもしれない。）西方アラム語には、シリア、パレスチナのキリスト教アラム語、サマリア・アラム語、パレスチナのユダヤ教アラム語が含まれる。東方アラム語には、シリア語、『バビロニア・タルムード』のアラム語、マンダ教文献のアラム語が含まれる。

Ⅴ　近代アラム語。シリアのダマスコの北方、アンティ・レバノン地方のマルーラおよびその近くの二つの村では、今日もアラム語（ないしはシリア語）――ただしクルド語（Kurdish）、トルコ語、アラビア語の影響を受けている――が話されている。クッチャーはこれを「マルーラ方言」と名付けている。(10)

東京新聞昭和五二年六月一三日（月）夕刊C版10面に、「砂漠の不死鳥の国（1）。古代シリア展に寄せて」という題で、同紙青島宏特派員によるマルーラ村探訪記が掲載された。それによれば、マルーラ村は、ダマスカスからアレッポへ通ずるハイウェイを北へ約六〇キロメートル、アンチレバノン山脈の山ふところにある。絶壁の真下に積み重なるような石造りの家や、自然の岩穴を利用した修道院などに住む村人の数は約一五〇〇人、そのほとんどすべてがギリシア・カトリック教徒（？）であり、アラビア語も話すが、主としてアラム語を用いているとのことである。また馬場嘉市著『続・目で見る聖書の世界』（新教出版社、一九七七年）図版二〇七にマルーラ村の写真が、三三七頁に解説がある。それによればマルーラ村はアル・ファジと呼ばれる峡谷にあり、石灰石の岩脈に掘った洞穴に住んでいる者もあり、石造りの家を建てて住んでいる者もある。アラム語を話す他の二つの村の名はバッカ Bakka とユバディン Jubadin とのことである。

以上がアラム語の大まかな歴史である。

以下紀元後一世紀のパレスチナにおけるアラム語の使用を示す証拠資料を大観しよう。アラム語の場合も、まず碑文から始めたいと思う。オールブライトは前四世紀末から前一世紀初頭に至る時代には、アラム語碑文が発見されないゆえに、パレスチナにおいてアラム語の衰退現象があったのではないかと推測している。(11) 彼によれば前一世紀の中頃からヘロデ時代にかけてアラム語碑文の数は増大するとのことであるが、最近の発見はこの年代をもう少しさかのぼらせているようである。フィッツマイヤーは数多くの碑文資料を指示しながらも（「パレスチナの言語」五一九頁註66、五二一頁註74）、それらのほとんどが人の名前のみであり、碑文を刻んだ人々の日常言語がヘブル語であったのかアラム語であったのかは明瞭でない場合が多いという（五五—五六頁参照）。アラム語碑文の例は以下のごとくである。

オリブ山の Dominus Flevit の骨入れの碑文の内、一一にアラム語が刻まれていることは五五頁で紹介した。

一九三一年にオリブ山でウジヤ王の骨入れが発見された。これは有名な前八世紀のユダの王ウジヤの骨を後一世紀にこの場所へ移したものである。この骨入れには次のような碑文が刻まれている。

　　ユダの王ウジヤの骨ここに運ばれる。開くべからず。(12)

オールブライトによれば、ここで「骨」と訳したことばは、きわめてまれなサマリア・アラム語形であり、「運ばれる」と訳したことばは、従来ダニエル書にしか用例の発見されていない、古風な形である。オールブライトは、このような予想に反した語法を前にして、イエスの語ったアラム語の再構成の困難さを改めて強調している。(13)

キデロンの谷の近くで発見された骨入れのふたの碑文は、その内容の故に注目を集めている。これは後一世紀初め頃のものとされている。そのアラム語碑文は以下のごとくである。

　　誰かが、この骨入れの中に、何か役に立つ（利益になる）ものを見つけても、それはすべて、骨入れの中にいる者から神に対する献げ物（qrbn ＝ qorbān）である。(14)

この碑文は、コルバンということばが、『ミシュナ』（ネダリム）に見られるような、誓いあるいは呪いのきまり文句に発展する以前の「神への献げ物」という意味で用いられているゆえに、マルコ七11（＝マタイ一五5）の解釈上重要な意味を持っている。さらにその後エルサレム神殿の南側で、「コルバン（qrbn）」と刻んだ石の水さしが発見されている[15]（『ミシュナ』マアセル・シェニ四10参照）。

三九―四〇頁でふれたヤソンの墓の入口の壁からは、ギリシア語の碑文と共に、次のようなアラム語の碑文が発見されている。これも、しっくいをぬった壁に木炭で記したものである。

（第一行）P……の息子（わが兄弟？）ヤソンのために、激しく嘆き悲しめ。平安あれ（šlm）。自分自身のために墓を造った長老（ヤソン）よ、安らかに眠れ。（第二行はS一字以外消滅）。（第三行）汝の友らは汝のためにかくも激しく嘆き悲しむであろう。汝……なりし者よ。平安あれ。（第四行）ホニアも……これらの者たちのごとくに……激しく嘆き悲しむ。平安あれ。[16]

エルサレムのギヴァト・ハミヴタルで発見された墓（前一世後半―後七〇年）の中には、次のようなアラム語を刻んだ骨入れがあった。

（第一墳墓、骨入れ一）　神殿の建設者シモン

（同、骨入れ二）　陶工（あるいは「壺売り」）エホナタン

（第四墳墓、骨入れ一四）　出産に失敗した……サウルの娘サロメの骨入れ

最後の骨入れからは女の骨と共に胎児の骨が発見されている。[17] なお第一墳墓の骨入れ四からは、明らかに磔刑に処せられた男（身長約一六五センチ、年齢二四―二八歳）の骨が発見されて話題となっている。その両手首と、左右を重ねたかかとの骨は鉄の釘で貫ぬかれており、足（ふくらはぎ）の骨は折られている。その人物の名前は骨入れの刻文から「エホハナン」であることがわかる。[18]

次に文書資料に目を移してみよう。従来のダニエル書（最終編集は前一六五年）と『メギラス・タアニス』（断食を禁じられた三五の祝日の一覧。後一〇〇年頃？）の間のアラム語文献の空隙は、クムラン写本の発見によって、充分にうめられた。だいたい前一五〇―後七〇年に年代づけられるクムラン・アラム語テキストはフィッツマイヤーによって一から六二までの番号を付けて整理され、出版されたテキストないしはそのテキストに関する報告の所在が明示された（*NTS* 20, 1974, pp. 404–6）。[19] これらはM・ブラックのいうような「取るに足らない断片の寄せ集め」[20] などではなく、全体として充分検討に値する、一つの言語的特徴を備えた資料の集成である。特に『外典創世記』や「エノク書（従来エチオピア語伝承で知られていたもの）の断片」などのようなまとまった量のテキストの発見は貴重である。「トビト書」（4Q Tob）の四つのアラム語断片は、同じクムランで発見された一つのヘブル語断片と比較して、アラム語が「トビト書」の原語であったことをうかがわせる。さらにレビ記とヨブ記のタルグム（4Qtg Job, 11Qtg Job, 4Qtg Lev）の発見は、この時代にクムランにおいても聖書をアラム語で読む必要のある人々がいたことを示している。[21] これらクムラン・アラム語テキストの中にはクムラン起源でないものも含まれている。いずれにせよ、これら多量のアラム語文書の出現によって、この時代にパレスチナにおいてアラム語による文書活動が存在していたことが初めて明らかにされたのである。

ムラバートからは、主として後二世紀前半（一三五年以前）に属する多くのアラム語資料が発見されている。ムラバート番号（五六頁註15、16参照）を用いてその内容を概観すると、八（人名と穀物の量を記した表。小作料の表か？）、一八（借用証書。後五五―五六年）、一九（離婚証書。後一一一年？）、二〇、二一（結婚証書。二〇は一一七年？　二一は第一次ユダヤ戦争の時代？）、二三、二五―二七（土地売却証書。二三は後一三一年？　二五は後一三三年）、二八（所有権に関する証書）、三一（売却証書断片）、三二、三三（借用証書あるいは領収証）、三四、三五（契約断片）、七二（ヨハナンとパッドゥユ Pdwy の間のできごとを証したオストラコン。「私〔パッドゥユ〕はマサダへ下って行った。ヨハナンは……パンを均等に分けた」などのことばが見えるが、全体の趣旨は不明）、以上である。最後の七二と八（羊皮紙）を除いて、他はすべてパピルスに記されている。特に一八はその年代のゆえに貴重である。

ナハル・ヘヴェル出土の一五通のバル・コクバ書簡（五八頁参照）の内、八つがアラム語で記されている。その内一つは木片を、他はパピルスを用いている。これらの内一つはエホナタン（ヨナタン）個人へ、六つはエホナタン（ヨナタン）とマサバラへ、残る一つはエフダ（ユダ）なる人物へ宛てたものである。以下にその例を紹介しよう。和数字はヤディンによる、ナハル・ヘヴェル出土バル・コクバ（本名はコシバ）書簡整理番号を示す（五九頁註23参照）。

四(22)

シモン・バル・コシバの手紙。バアヤ（＝バヤン）の息子エホナタンに平安あれ（šlm）。エリシャが汝に命ずることは、何でも彼のためになし、彼を助けよ……彼の手に。ごきげんよう（hwʾ šlm）。

八

シモン・バル・コシバからエホナタン・バル・バアヤンとマサバラ・バル・シモンへ。あなたがたは私の許へエレアザル・バル・ヒッタを、早速、安息日の前に送ってよこすように。

一五(23)

シモンからキルヤト・アラバヤにいるエフダ・バル・メナシェへ。私はあなたのところへ二頭のロバを送った。あなたはそのロバと一緒に（二人の？）男をエホナタン（ヨナタン）・バル・バヤンとマサバラの許へ送るように。それは彼らがしゅろの枝とシトロンとを集めて、陣営にいるあなたの許へ送るためです。あなたはさらにあなたのところから他の男たちをつかわして、天人花と柳の枝をあなたの許へ運ばせなさい。それらを準備して、[24]陣営へ送りなさい。……ごきげんよう。

バル・コクバ書簡の中からはすでに四二頁にギリシア語の書簡を、五九頁にヘブル語の書簡をそれぞれ一通ずつ紹介した。バル・コクバ個人（ないしはその本陣）からこれら三つの言語で指令が出されていたこと自体注目に値するが、見落としてはならないのは、ヨナタン・バル・バヤンとマサバラなる二人の人物がこれら三つの言語で記された書簡を受け取っていることである。このようにバル・コクバ書簡は少なくとも二世紀初頭における三言語併用現象を端的に証言している（五九―六〇頁参照）。同じ現象はムラバート出土資料によっても確認される（四〇―四一頁、五六―五八頁、七五頁参照）。

同じくナハル・ヘヴェル出土の「エンゲディの住民の文書群」（五八頁参照）の内二つはアラム語で記されている。ヘブル語の書類と同様、バル・コクバの支配下における行政上の問題を取り扱っている。

さらに同じ洞窟で発見された「ババタ文書群」（四三―四五頁、五八頁参照）の内三つがアラム語で記されていること、ギリシア語パピルスのいくつかにもアラム語の要約が付いていることは、すでに四五頁でふれた。

最後に、新約聖書の中に現れるアラム語（ないしアラム語に由来することば）としては、タリタクミ（マルコ五41）、エロイエロイレマサバクタニ（マルコ一五34）、マラナタ（Ⅰコリント一六22）、ラカ（raka）（マタイ五22）、固有名詞では、ベテスダ（Bēthzatha）（ヨハネ五2）、ガバタ（一九13）、ゴルゴタ（一九17、マルコ一五22）、アケルダマ（行伝一19）、トマス（マタイ一〇3など）、ケパ（ヨハネ一42他）などがあげられる。[25] コルバンについてはすでにふれた（七二―七三頁）。ラブニ（マルコ一〇51他）もアラム語と考えてよいであろう。[26] アバ（マルコ一四36他）、[27] マモナ（マタイ六24、ルカ一六9、11、13）、[28] エパタ（マルコ七34）[29] は、ヘブル語ともアラム語ともとることができるようである。

これらさまざまな証拠により、一世紀のパレスチナにおいてアラム語が広く用いられていたことは明らかである。このことは旧約聖書の後期の文書のヘブル語の中に認められるアラム語の影響（語彙・文体）、聖書後のヘブル語文献、特にクムラン・ヘブル語写本に認められる、さらに大きなアラム語法の影響からもうかがうことができる。[30] ヨセフスは『ユダヤ戦記』の最初の版をアラム語で記したものと思われる。[31] イエス時代にヘブル語が生きた言語として少なくともある地域、ある社会層（ないし集団）において用いられていたことはすでに観察したとおりであるが、フィッツマイヤーの認めるごとく、やはりアラム語こそが一世紀のパレスチナにおいて「最も広く用いられていた言語（the *most commonly* used language）」[32] であったと考えてよいであろう。[33]

最後に、新約聖書、特に福音書の背後に想定されるアラム語を、いかなる資料の中に求めるべきか、という問題にふれなければならない。

かつてC・ダルマン、C・F・バーニー、C・C・トーレイらはタルグム・オンケロスとタルグム・ヨナタンを最重要視し、これらの中に保存されているアラム語こそイエスの時代のアラム語に最も近いと考えた。(34) これに対してカーレは、オンケロスとヨナタンはバビロニア・アラム語の影響を強く受けた、技巧的なアラム語で記されており、しかもヘブル語原典に密着した逐語的な訳であるとして退け、むしろパレスチナ五書タルグム伝承の内にこそ、イエスの時代のパレスチナのアラム語が保存されていると主張し、彼自身が校訂発表したゲニザ断片タルグムを最重要視した。(35)

ブラックはカーレの立場をそのまま継承し、パレスチナ五書タルグムを中心として、キリスト教パレスチナ・アラム語テキスト、サマリア五書タルグムを重要な資料として利用する。もっとも彼は、『パレスチナ・タルムード』とミドラシュのアラム語を、それらの編纂がガリラヤにおいてなされているゆえに、イエスの語ったアラム語を伝える重要な資料として評価する点において、その師カーレの立場を逸脱してしまったようである。(36)

ブラックはパレスチナ五書タルグムの起源を後一世紀（ないしはそれ以前）にまでさかのぼらせる根拠として、次の点を挙げている。①ギリシア語からの借用語が多い。②そこに含まれているハラカが『ミシュナ』と異なっていることは、それらが『ミシュナ』以前であることを示している（なぜならば『ミシュナ』によって正統的ハラカが定められた後に、それと対立矛盾するハラカがパレスチナで流布していたはずがないから）。③後二世紀以前のものと考えられる「ペシッタ」（シリア語訳聖書）の背後（基礎）にパレスチナ五書タルグムが想定される。④新約聖書に現れる「ラブニ」という発音は、パレスチナ五書タルグムにのみ伝えられている。(37)

しかしこれらに対してはフィッツマイヤーとグリーンフィールドにより、強い批判がなされている。[38] ①ギリシア語の侵入はヘレニズム時代からビザンチン時代へかけて絶えず続いていた現象であり、しかも注目すべきことに、クムラン・アラム語テキストおよび死海周辺で発見された後一世紀のアラム語資料にはギリシア語の借用はほとんどなく、ようやく二世紀に入ってからわずかに認められるようになるのに対して、三世紀以降にはアラム語におけるギリシア語の使用（借用）が急激に増加するのである。同じ現象は、三世紀以降用いられるようになったアラム語の一方言であるシリア語にも認められる。[39] ②仮にそのハラカの「内容」が『ミシュナ』以前であったとしても、そのことはただちにその「言語」が『ミシュナ』以前であることを意味しない（フィッツマイヤー）。さらに『ミシュナ』と異なるハラカは『ミシュナ』以前であるとは必ずしも言えないのである（グリーンフィールド）。③ペシッタの年代を二世紀以前とする根拠は存在しない（フィッツマイヤー）。さらにペシッタの背後（基礎）にパレスチナ五書タルグムを想定することも定説とは言えない。オンケロスを想定することも可能である（グリーンフィールド）。④仮に一世紀にタルグムの写本が存在していたとしても――現存のタルグム写本は、クムラン以外は、すべて後代のものである。クムラン・タルグムはブラックらの言うところの五書タルグムとは別の物である――その写本には子音のみが記されていたはずであり、母音符号が付されたのはずっと後のことである。したがってオンケロスの伝える ribbônî とパレスチナ五書タルグムの伝える rabbûnî のどちらがパレスチナの古い発音を伝えているか、という問題であり、そこからパレスチナ五書タルグムの年代をひき出すことはできない。さらにこのラブニの形が『ミシュナ』のカウフマン写本とサマリア・アラム語伝承にも伝えられていることは、[40]ラブニという発音が特別の時代のものではないことを示している。

さらにネオフィティ1の発見以来、[41]校訂者 A. Díez Macho や M・マクナマラらによってネオフィティ1の起源が古く紀元前後にまでさかのぼることが主張されているが、[42]これに対しても、B. Z. Wacholder やフィッツマイヤーによって反論がなされている。[43]

フィッツマイヤーとグリーンフィールドの立場は、クムラン・アラム語テキストおよび死海周辺で発見された一世紀のアラム語資料と、同じ年代のアラム語碑文こそが、新約聖書の背景にあるアラム語の言語学的研究の資料として用いられるべきである、というものである。[44]

フィッツマイヤーはこの立場から活発な研究を進め、いくつかの成果を発表している。

①「発見する」を意味する ʾaškaḥ が同時に「……できる」を意味するのはシリア語においてのみであり、アラム語には「……できる」を意味する ʾaškaḥ の用例はないと言われていた（ブラック『アプロウチ』）が、『外典創世記』二一・一三にその用例のあることが明らかにされた。これによってルカ六7の hina heurōsin katēgorein autū、ヨハネ一四30の en emoi ūkh heurēsei ūden（D写本）、ルカ一三24の ūk heurēsūsin（D写本）の heurein の背後にアラム語動詞 ʾaškaḥ が存在したことはほぼ間違いないことが明らかになった。[45]

②マタイ七6の「聖なるもの（to hagion）」が、qᵉdāšāʾ「輪（耳輪などの装身具として）」を、qudšāʾ「聖なるもの」と誤訳した結果であることはすでに指摘されていたが、その実例が 11Qtg Job 38_8「そして彼らは彼（ヨブ）に、各人が小羊と金の輪（qᵉdāšā）を与えた」の中に見出された。[46]

③[47]「主」を意味するアラム語 mārēʾ が（天の主、わが主などのような）特別な限定・修飾なしに、

神を指して用いられる例が、11QtgJob 24_{6-7} に見出される。これによって新約聖書の (ho) kyrios の背後にアラム語 mārēʾ を想定することが可能となった。

④ルカ一32、35に出てくる「神の子」と「至高者の子」という表現が4Qps Dan A^{a}［=4Q 243］に並んで（第二欄第一行に）現れる。ルカ二14の「みこころにかなう人々の中に」と同じ表現が4Q ʿ$Amram^{c}$ に現れることはすでにフィッツマイヤーによって他の場所で指摘されている。[48]

⑤ヨハネ福音書の「ことば（logos）」の背後にアラム語 memraʾ（タルグム伝承）を想定する者があるが、[49] クムラン・タルグムにおいては mʾmr は単なる「ことば、命令」の意味で用いられており（11QtgJob 28_{9}, 33_{8-9}）、ヨハネのロゴスの背景とはなり得ない。このことはさらに、古典的タルグムにおいて memraʾ が神の婉曲表現として用いられていることと対照的であり、クムラン・タルグムに比べて古典的タルグムが後代のものであることを示唆している。

⑥クムラン・アラム語写本に brʾnš（または brʾnwš）「人の子」なる表現が現れるが、それは単に「人間」（11QtgJob 26_{3}）あるいは「誰か」、否定辞 lʾ と共に「誰も……ない」（『外典創世記』二一・一三）の意味で用いられており、新約聖書に現れるキリスト論的称号としての「人の子」とは結びつかない。また話し手自身を指す用例も見当たらない。[50]

⑦『外典創世記』二〇・二一、二八・二九に、悪霊を追い出す為の手段として、悪霊につかれた人の（頭の）上に手を置くことが言及されている。

⑧4Q ʿ$Amram^{b}$ ii. 3、（「アムラムの幻」）に出てくるメルキゼデク（=ミカエル）とその敵マルキ・レシャとの対立は、ユダ書9（モーセの死体をめぐるミカエルと悪魔の争い）に光を与える。

⑨『外典創世記』のノアの誕生物語と新約聖書のイエスの誕生物語の間にはいくつかの類似点が存在している。

カーレ、ブラックの時代は過ぎ去った。過去の権威に依存することはもはや不可能である。[51] 新しいアプローチが必要とせられる所以である。

註

（1）『外典創世記註解』（序註2参照）二二一、二二三頁註60。フィッツマイヤーの五分法が広く学界によって受け容れられていることについては、本稿序註2に挙げた彼の論文 Methodology…, p. 84 参照。以下のアラム語略史は、基本的にはフィッツマイヤーの記述に従っている。さらに伊藤義教その他にも多くを負うことは、註に示す通りである。

（2）J・グリーンフィールドは古アラム語の年代を、前九世紀初期からとしている。J. Greenfield, Aramaic, in *The Interpreter's Dictionary of the Bible*, Supplementary Volume, p. 39.

（3）伊藤義教『古代ペルシア』（岩波書店、一九七四年）二三三頁。

（4）ラビン（本稿第二章註6）一〇一三頁。

（5）ラビン・一〇一三、一〇二五頁。

（6）伊藤義教・前掲書（註3）二三五頁。

（7）フィッツマイヤー「パレスチナの言語」五〇二頁、ラビン・一〇二六頁参照。

（8）ラビン・一〇一三頁。

（9）グリーンフィールド（註2に挙げた論文）は、前三〇〇―後三〇〇年を中期アラム語と呼び、その初期を公用アラム語の継続とする。また、たいへんまぎらわしいのだが、ラビンはフィッツマイヤーが「後期アラム語」と名付けるものを「中期アラム語」と呼び、エズラ記やダニエル書から後二〇〇年頃までのアラム語を、帝国アラム語から中期アラム語への移行期のアラム語と名付けている。しかしラビンも註においてフィッツマイヤーの用語法を紹介し、クッチャーもそれを受け容れていることを認めている（一〇二六―七頁）。註1参照。

（10）E. Y. Kutscher, *Studies in Galilean Aramaic* (Ramat-Gan: Bar-Iran University, 1976), p. 6.

（11）W. F. Albright, *The Archaeology of Palestine* (5th ed.; Pelican A 199; Baltimore, 1960), p. 202.

（12）*The Interpreter's Dictionary of the Bible*, Vol. 4（New York, Nashville: Abingdon, 1962）, p. 743 所収の H. B. McLean の英訳より訳出。なお『新聖書大辞典』（キリスト新聞社、一九七一年）一六二頁（テキスト）および付録九三頁（写真）参照。

（13）オールブライト前掲書二〇三頁。

（14）J. A. Fitzmyer, *Essays on the Semitic Background of the New Testament*, p. 96 の英訳から訳出した。

（15）この碑文について、さらに、フィッツマイヤーと異なる解釈について、J. A. Fitzmyer, The Aramaic Qorbān Inscription from Jebel Ḥallet Eṭ-Ṭûri and Mk 7:11/Mt 15: 5（前掲書九三―一〇〇頁 = *JBL* 78（1959）, pp. 60–65）参照。

（16）N. Avigad, Aramaic Inscriptions in the Tomb of Jason, *IEJ* 17（1967）, pp. 101–111 参照。碑文の訳は同論文一〇五頁の英訳による。

（17）J. Naveh, The Ossuary Inscriptions from Giv'at ha-Mivtar, *IEJ* 20（1970）, pp. 33–37 参照。碑文の訳はナヴェの英訳による。

（18）*The Interpreter's Dictionary of the Bible*, Supplementary Volume, pp. 199f., Crucifixion, Method of, by J. F. Strange 参照。さらに E. M. Meyers, *Jewish Ossuaries: Reburial and Rebirth*（Rome: Biblical Institute Press, 1971）, pp. 89f. をも参照。

（19）その後 J. T. Milik（ed.）, *The Books of Enoch: Aramaic Fragments of Qumrân Cave 4*（Oxford: Clarendon, 1976）が出版されている。

（20）『アプロウチ』三九頁。

（21）ヨブ記のタルグムについてはすでに二つの校訂本が出版されている。J. P. M. van der Ploeg and A. S. van der Woude, *Le Targum de Job de la Grotte XI de Qumrân*（Leiden: Brill, 1971）; M. Sokoloff, *The Targum to Job from Qumran Cave XI*（Ramat Gan, Israel: Bar-Ilan University, 1974）. これに関する研究もきわめて盛んである。S. A. Kaufman, *JAOS* 93（1973）, pp. 317–327; P. Grelot, *RdQ* 8（1972）, pp. 105–115; J. A. Fitzmyer, *CBQ* 36（1974）, pp. 503–524; T. Muraoka, *JJS* 25（1974）, pp. 425–443; H. Ringgren, *ASTI* 11（1977/8）, pp. 119–126; E. Puech and F. Garcia, *RdQ* 9（1978）, pp. 401–7; P. W. Coxon, *RdQ* 9（1978）, pp. 451–3 その他。

（22）Y. Yadin, *IEJ* 11 (1961), p. 43 の英訳による。次の八は同四四頁の英訳による。

（23）同右四八頁参照。訳文は J. A. Fitzmyer, *Essays on the Semitic Background of the New Testament*, pp. 336f. に従っている。

（24）フィッツマイヤーの訳 prepare them に従った。ヤディンは、この部分の直訳は set them in order であり、それはラビ文献のきまり文句で see that they are tithed の意味である、と言う。

（25）J. A. Emerton はバルのつく人名、たとえばバルトロマイ、バルヨナ、バラバ、バルテマイなどもアラム語名と数えているが（*JThS* 12〔1961〕, p. 197, *JThS* 24〔1973〕, p. 18）、バルとベンは互いに交換可能であったこと（五五—五六頁参照）を考えれば、バルの存在のみによって判断することはできない。

（26）J. A. Emerton, The Problem of Vernacular Hebrew in the First Century A.D. and the Language of Jesus, *JThS* 24 (1973, pp. 1–23), p. 18 は、クッチャー（E. Y. Kutscher）が二つの論文においてラブニ・ヘブル語説を立てている、としている。しかし彼のあげている一方の論文（E. Y. Kutscher, Das zur Zeit Jesu gesprochene Aramäisch, *ZNW* 51 (1960), S. 46–54, esp. S. 53）においてクッチャーはラブニという発音がミシュナ写本にも伝えられているということを言っているのみであり、このことは必ずしもラブニがヘブル語であるということにはならないであろう。

（27）アバについては J. Jeremias, *Abba. Studien zur neutestamentlichen Theologie und Zeitgeschichte* (Göttingen: Vandenhoeck & Ruprecht, 1966), S. 26, 60–61 参照。フィッツマイヤーは依然としてアラム語説である（Methodology in the Study of the Aramaic Substratum of Jesus' Sayings in the New Testament, p. 78）。

（28）フィッツマイヤー前掲論文（註27）九〇頁参照。彼は、マモナについては、ヘブル、アラムいずれとも定め難く a common Semitic background を想定するにとどめるべきだとする。

（29）I. Rabinowitz, 'Be opened' = ἐφφαθά (Mk vii. 34): Did Jesus Speak Hebrew?, *ZNW* 53 (1962), S. 229–238 においてエパタ・ヘブル語説が提出されて以来、論争が続いており、ラビノヴィッツは ΕΦΦΑΘΑ (Mark vii. 34): Certainly Hebrew, not Aramaic, *JSS* 16 (1971), pp. 151–6 で反論に答えつつ自説をくり返し主張しているが、S. Morag, 'Εφφαθά (Mk vii. 34): Certainly Hebrew, not Aramaic?, *JSS* 17 (1972), pp. 198–202 が、ヘブル、アラム

いずれととることも可能なことを示すことによって、一応の結論が出たようである。

（30）フィッツマイヤー前掲論文（註27）八二頁参照。

（31）『戦記』一・三でヨセフスは『戦記』の最初の版を hē patrios（sc. glōssa）で記して内陸地方の barbaroi（非ギリシア・ローマ人?）へ送った、と書いている。これらのバルバロイとは、「パルテア人、バビロニア人、アラビア人、エウフラテス東方の同胞、アディアベネ（ティグリス上流）の住民たち」であることが一・六で明らかにされている。ヨセフスがこれらの人々にヘブル語で記した書物を送ったとは考えられず、むしろアラム語を用いたと考えるべきであろう。拙訳『ユダヤ戦記Ⅰ』（日本基督教団出版局、一九八二年）当該箇所を参照。もっともこの場合の hē patrios（glōssa）の用法を一般化することはできない。hebraisti が「ヘブル語で」を意味するのか「アラム語で」を意味するのか、という問題も、ワディ・ハブラ出土のバル・コクバ（ないしはその部下）の手紙でこの言葉が用いられている（四二頁および六〇頁註25参照）にもかかわらず、未だ解決されていない。

（32）フィッツマイヤー「パレスチナの言語」五一八頁。

（33）われわれは六一―六三頁においてミシュナ・ヘブル語が民衆の口語と関わりのあることにふれた。ラビンはこの時代に、エルサレムを中心とするユダヤ地方においてはミシュナ・ヘブル語がなお支配的な言語であり、アラム語は第二位を占めていたにすぎないが、地中海沿岸地方およびガリラヤ地方などにおいては、アラム語ないしはギリシア語が支配的であり、ヘブル語は主として文（章）語 literary language として機能していた、としている（一〇三六頁）。

バークランド（H. Birkeland, *The Language of Jesus*, Oslo, 1954）は、ヘブル語こそが一般民衆の日常語であり、アラム語は教育を受けた上層階級の言葉であった、という説を発表したが、支持者を見出していない（ブラック『アプロウチ』四七―四八頁による）。バークランドに対する反論としては、J. A. Emerton, Did Jesus Speak Hebrew?, *JThS* 12（1961）, pp. 189–202 参照。エマートンは同論文への付論において、第二神殿時代末期からバル・コクバ時代に至る期間のパレスチナの日常言語をアラム語ではなくてヘブル語であるとしたグリンツの論文（J. M. Grintz, Hebrew As a Spoken and Written language in the Last Days of the Second Temple, *JBL* 89〔1960〕, pp. 32–47）に対する反論も展開している。エマートンはさらに、The Problem of Vernacular Hebrew in the First Century A.D. and the Language of Jesus, *JThS* 24（1973）, pp. 1–23 において、われわれと同様の結論に達している（ただし彼の主眼点はむしろ、イエスは時々ヘブル語も語った、という点の証明にあるようである）。彼はその論証過程において、ラビ文献を多用しており、教えられる点が多い。

なお Pinchas Lapide が Insights from Qumran into the Language of Jesus, *RdQ* 32（1975）, pp. 483–501 において、イエスの時代の言語状況について、ヘブル語を、宗教、教育などに用いられる「高」言語、アラム語を日常生活において使用される「低」言語、として区別している。高言語と低言語という考え方自体はそれなりの有効性を持つであろう。しかし彼の論点は、たとえばムラバート写本において、聖書写本やバル・コクバ書簡は「高」言語たるヘブル語で、売買契約書など日常生活に関わる事柄は「低」言語たるアラム語で、各々記されている（四九二頁）などという、資料の実態を無視した記述からも明らかなように、説得的とは言い難い。

（34）ブラック『アプロウチ』四、五、一九頁。

（35）P. Kahle, Das palästinische Pentateuchtargum und das zur *Zeit Jesu* gesprochene Aramäisch, *ZNW* 49（1958）, S. 100–116; ブラック『アプロウチ』二二、四三、四四、四六頁参照。村岡崇光氏は「パレスチナ系ユダヤ人アラム語の研究」（『聖書学論集』9、一九七二年、二〇三―二二二頁）においてこのカーレのゲニザ断片タルグムのアラム語を詳細に検討した結果、このアラム語は「紀元後一千年紀中葉に発達した後期アラム語の西部方言のひとつを代表している」（二二五頁）との結論に達している。

（36）カーレは、『パレスチナ・タルムード』の編纂に関わったラビたちはやむなく（ユダヤ地方から？）ガリラヤへ移住せねばならなかったのだから、彼らのことばをガリラヤ・アラム語と呼ぶのは誤りである、そもそもガリラヤ・アラム語などということばは存在の権利を持たない、われわれはただ文（章）語とパレスチナ口語とバビロニア口語とを区別し得るのみである、と主張する。前掲論文一一三頁。

（37）『アプロウチ』二二一―二四頁。

（38）J. A. Fitzmyer, *CBQ* 30（1968）, pp. 417–428; J. C. Greenfield, *JNES* 31（1972）, pp. 58–61.　いずれもブラックの『アプロウチ』第三版に対する書評。

(39) この点についてはフィッツマイヤー「パレスチナの言語」五二三―五頁参照。

(40) サマリア・アラム語伝承についてはZ. Ben-Hayyim, *The Literary and Oral Tradition of Hebrew and Aramaic amongst the Samaritans*, 3 (Jerusalem, 1967), p. 37（グリーンフィールドによる）を、『ミシュナ』写本については、E. Y. Kutscher, Das zur Zeit Jesu gesprochene Aramäisch, S. 46–54, esp. S. 53 を各々参照。ブラックはクッチャーの論文を読んでいるのだが、その論点を理解していない（『アプロウチ』四六頁）。

(41) A. Díez Macho は一九五六年にヴァティカン図書館のネオフィティ文庫（Neofiti Collection）の中から、パレスチナ五書タルグム全体を伝える完全な写本を発見（正確には「同定」）した。四五〇葉（folio）からなるこの写本は「ネオフィティ1」と名付けられた。

(42) M. McNamara, *Targum and Testament* (Grand Rapids: Eerdman, 1972), pp. 79–89.

(43) B. Z. Wacholder, *JBL* 93 (1974), pp. 132f.（マクナマラ前掲書に対する書評）. フィッツマイヤー（註27の論文）八六―八七頁。さらに詳しくは拙著『初期ユダヤ教と聖書』（日本基督教団出版局、一九九四年）参照。

(44) これに対しては、クムラン・アラム語は文（章）語 literary Aramaic であり、口語 spoken Aramaic ではない、という批判がなされている。カーレ前掲論文（註35）および、マクナマラ前掲書（註42）五九頁。しかし、パレスチナ五書タルグムに後一世紀のパレスチナの口語アラム語が保存されている、という根拠はどこにもないのである。その時代の口語がどのようであったかはうかがうすべもないのだから、彼らのように literary と spoken をことさらに区別することはあまり意味が無い。もちろん literary と spoken の区別はあったであろうし、クムラン・アラム語はどちらかといえば literary に属するであろうが、それにしてもわれわれの目的にとってクムラン資料のほうが後代の古典的タルグムよりも価値が高いことは、明瞭である。他方このことは、古典的タルグムの中に新約時代ないしはそれ以前にさかのぼるユダヤ教伝承が保存されている可能性を否定するものではない。「言語」と「内容」とは区別されなければならない。

(45) *The Genesis Apocryphon of Qumran Cave I*: A Commentary^{2}, pp. 150f.（1st ed., p. 134）その他。もっともこの点についてはブラックも後で気が付いて Aramaic Studies and the Language of Jesus（*BZAW* 103〔1968〕, pp. 17–28）, p. 25 で言及している。

(46) 上記註27の論文九四―九五頁。

(47) ③―⑨は The Contribution of Qumran Aramaic to the Study of the New Testament, *NTS* 20 (1974), pp. 382–407 による。

(48) *Essays on the Semitic Background of the New Testament*, pp. 101–4〔= *TS* 19 (1958), pp. 225–7〕.

(49) たとえば M. McNamara, *Targum and Testament*, pp. 101–2.

(50) この点については、すでに *CBQ* 30 (1968), pp. 425–7 および註27で言及した論文（Methodology…）九二―九四頁で詳論されている。これは元来、ブラック『アプロウチ』第三版に付録Eとして収録されている論文 G. Vermes, The use of br nš/br nš' in Jewish Aramaic に対する批判を意図したものである。

(51) ブラックは『アプロウチ』第三版（一九六七年）に、新しく第三章を加えたが、一九五七年の論文 The Recovery of the Language of Jesus, *NTS* 3, pp. 305–313 と一九六八年の論文（註45）の中に、『アプロウチ』第三章と逐語的に一致する文章が見出される。以下にそれを表示する。数字は頁数を（　）内の数字は行数を示す。真中の欄が『アプロウチ』。棒線が並行関係を示す。

NTS		*BZAW*
307 (1)	36 (3)	
	39 (17)	23 (26)
309 (下7)	40 (5)	24 (2)
313 (4)	40 (7)	
313 (下7)	40 (下5)	
313 (註1)	41 (1)	26 (15)
	41 (16)	26 (28)
	41 (17)	19 (6)
	46 (終)	23 (25)
	47 (1)	26 (下9)
	49 (終り)	28 (終り)

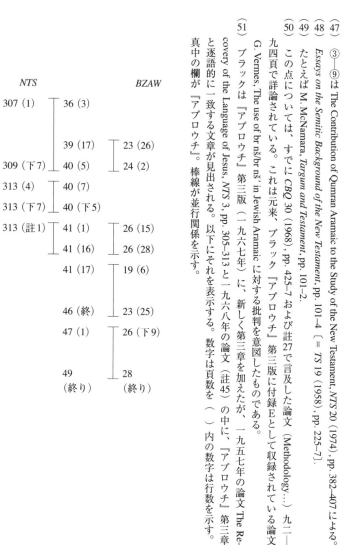

『アプロウチ』第三版の序文に、新版は旧版に対する「全面改訂版（completely revised and reset）」と記してありながら、実際には第三章（一五頁）を加えたこと、八三―八九頁に既に一九六四年に発表した論文を転載していること、付録E（前註参照）を加えたこと、を除いては、改訂はごくわずかなのである。註40をも参照。

II　イエスと聖書翻訳　タルグム

村岡　崇光

はじめに　タルグムとは

「タルグム」（targum）とは「翻訳された文書」を意味するヘブライ語ならびにアラム語の名詞で、聖書時代より後の文献に初めて用いられている。しかし、聖書学、聖書言語学、ユダヤ文学史における専門用語としては、旧約聖書のなかのヘブライ語で書かれた部分をアラム語に翻訳したものをさして用いられる。[1] また、古代ユダヤ教における定期的な宗教儀式、あるいは礼拝において旧約聖書の正典が公に朗読された場合、同時にアラム語の翻訳が口頭でなされたらしいことが知られているが、「タルグム」という専門用語はそのような口頭の通訳をさして用いることはなく、翻訳されて、書かれた文書をさして用いる。

タルグムには複数の形が現存する。同じくアラム語で書かれているといっても、文法、語彙において性格を異にするアラム語の形が認められる。そういった言語学的差異は推定成立年代の相違、あるいは地理的な相違、つまり方言を示唆している、と解釈されることが多い。また、翻訳の様式においても、あるものはかなり字義的、逐語訳に近い翻訳を示しているのに対して、かなり敷衍したり、原典のテキストとはかなり離れた内容を付加した自由訳もある。

当然のことながら、モーセ五書のタルグムが最古のものと考えられているが、これには複数の伝承がある。逐語訳に近いものとしてタルグム・オンケロス（Onkelos）が知られている。これがバビロニアで成立したのではないか、とする伝承から、自由訳の形を示したものとして「エルサレム・タルグム」（Targum Yerushalmi）の名で知られるものがあり、しかもこれ自体に相互にかなり相違するいくつかの版が知られている。完全な形で伝わっているものに「偽ヨナタン」（Pseudo-Jonathan）と呼ばれるもの、スペイン人の学者ディエスマチョ（A. Díez Macho）によって一九四九年に発見された「タルグム・ネオフィティ」なるものが知られている。そのほかに断片的にしか知られていないFragmententhargumと呼ばれるもの、またカーレ（P. Kahle）がカイロの古ユダヤ会堂の倉庫（ゲニザ）から発見された無数の古文書の中に同定した、断片的に知られたタルグムがある。

モーセ五書以外については、前預言書と後預言書の翻訳として所謂「タルグム・ヨナタン」（Targum Jonathan）があり、その他の諸書についてもタルグムは存するが、後述のクムラン出土のヨブ記のそれは別として、いずれもかなり後代の作品と考えられている。

註

（1）　ここで「アラム語」という時、古代にユダヤ人の間で用いられたアラム語方言をさしている。ほぼ同時代の、つまり紀元前二世紀ぐらいから紀元後三世紀ぐらいに限定しても、ユダヤ人以外によって用いられていた複数のアラム語方言が知られている。紀元後著しく成長したメソポタミア、東トルコのキリスト教会が用いたシリヤ語、サマリア人の用いたサマリア・アラム語、レバノン、シリアのキリスト教徒たちが用いた所謂Christian Palestinian Aramaic 等があげられる。このいずれも独自の聖書をもっている。最後の方言の場合はギリシャ語七十人訳からの孫訳で、他の二つの場合は独自の翻訳であるが、いずれもタルグムとは呼ばれない。サマリア・タルグムはモーセ五書だけを含む。

第一章　死海文書中のタルグム

紀元一世紀のパレスチナにタルグムが存在したことは、一九四七年以降出土し始めた死海文書中にタルグムの断片が発見されたことによって確実となった。比較的早い時期に公開された死海文書の中に、一九七七年、ミリク（J. T. Milik）によって発表されたレビ記のタルグムの断片（4Q156）がある。書体の検討から、前二世紀後半から一世紀前半に書かれたものと推定されているが、これは写しである可能性もあるので、最初に翻訳されたのはそれよりさらに古くなる。レビ一六12―21を二つの短い断片で部分的に読むことができる。この一〇節だけを取り出して翻訳する必要は考えられないので、レビ記全体のタルグムが紀元前に流布していたことが推定される。さらにまた、レビ記だけを取り立てて翻訳する説得的な理由も考えられないから、モーセ五書の他の書、たとえば創世記のタルグムも同じ頃に既に出回っていた、と考えてもよいであろう。[1] レビ記のこの部分の内容は敷衍的な訳や、ミドラシュ的な付加を誘うようなものではないので、翻訳は逐語訳である。ミリクはヘブライ語のマソラ本文（MT）と一致している、と言うが、実際にはいくつか違いもあり、そのなかの興味深いものに、一四節でヘブライ語本文では 'eṣba'o「彼の指」は単数形で、オンケロスでも単数形で表しているが、クムランのタルグムでは 'eṣb'ātēh と複数形になっている。

さらに、タルグム・オンケロス（TO）と比較すると、語彙の面でも、文法の面でもいくつかの相違が見出される。

㈠　13節でMT w-natan「そして彼が置く」では、TOはMTに引きずられてw-yitten とするのに対して、4Q156は標準的なアラム語動詞を用いてw-yšawwe としている。

㈡　19節で「七回」をTOは名詞zman を女性名詞としているが、4Q156は数詞「七」のšivʿā からわかるとおり男性名詞として用いている。後者の方が聖書アラム語の用法（ダニエル六11、14）、古アラム語のそれとも合致する。

㈢　20節と21節でMTは定形の直接目的語の名詞の前に慣用的に小辞ʾet を用いているが、TOはMTの影響もあって前者がʾet を用いているところでは殆ど決まってそれに形の上でも近いyāt を用いるのであるが、ここでも同じである。しかし、4Q156にはこれが一度も用いられていない。[2]

さらに、上記の4Q156と同じクムラン第四洞穴から極めて小さいヨブ記のタルグム断片（4Q157）が出土しており、これは時代が少しさがって、後一世紀のものであろうと言われる。

タルグム成立史の研究上もっとも重要な文書は4Q156より早く、一九七一年に公刊されたクムラン第一一洞穴出土のこれもヨブ記のタルグムである（11Q10）。この場合も保存の状態は問題であり、確信をもって読めないところも少なくないが、MTの一七14から四二11までに対応するアラム語訳が部分的に保存されており、ヨブ記全体の一五％ぐらいがここに伝わっている、と考えられている。

この死海文書はMTで四二章からなる本書全体のタルグムの一部と考えて差し支えない。11Q10の筆写年代は前一世紀中葉と考えられている。[3] タルグム自体の成立年代はそれをさらに遡る可能性が否定できない。[4] このタルグム断片のみならず、前述の二つのタルグム断片の年代からして、イエスの時代にタルグムが聖地に流布していたことを指摘するのは重要である。[5] 三つとも死海文書中に見出されるのであるから、これらはクムラン教団においては利用されていても、パレスチナ各地に流布していたとは言えない、という反論も全く不可能ではないが、後述するとおり、少なくとも11Q10はパレスチナの外で成立した可能性があることもここで記憶されなければならない。

つぎに極めて重要なことはヨブ記のタルグムがこのような早い時期に成立し、クムラン教団において参照されていた、あるいは同教団の成員がこれに関心を示していた、ということである。レビ記とは違って、ヨブ記はユダヤ教の礼拝や祭儀において朗読されたとは考えられないからである。七十人訳の場合と同様、タルグムの成立、使用背景（Sitz im Leben）はまさしくユダヤ教の会堂、礼拝での朗読にある、ということが屢々指摘されてきた。また、ヘブライ語の知識の著しい低下が翻訳を促した、とも主張された。11Q10の出土によって、そのような発想の問題性が明らかになったのである。この文書はヨブ記釈義の営みの一環として成立したのではないだろうか。言語甲から乙への通訳あるいは翻訳は言語甲によって伝えられていることの解釈、理解を前提とする。このことはどの書についても妥当し、祭儀という要因に加えて、聖典釈義、研究上の必要という要因も考慮される必要がある。後者の要因は、ヨブ記のようにその原典の解釈が極めて難解な場合は特に強く作用したのではないだろうか。

このヨブ記タルグムの翻訳様式は、全体として逐語訳であり、大幅な付加は見られないことが注目に値する。(6)

11Q10のタルグムはどこで成立したのだろうか？　死海文書中に発見されたということだけを根拠に、それがクムラン教団に由来するものである、と結論する必要はない。イエスの誕生を挟む三、四世紀の期間に中近東各地で用いられていたアラム語は一様でなく、地域的な方言的要素によって特徴づけられていたことは知られている。主として東部アラム語と西部アラム語に大まかに分類される。一九七四年発表の論文(7)において、筆者はいくつかの点においてこのタルグムのアラム語は東部アラム語の特徴を示している、と論じた。

以上の手短な概観から、紀元後一世紀のパレスチナには、書かれたタルグムが流布していたことは確実としなければならない。死海写本中の三つのタルグム断片からして、それは逐語訳であったことも明らかになった。諸書に属するヨブ記のタルグムすら逐語訳の系統に属するとすると、もし当時預言書のタルグムが既に流布していたとしたら、これも現在われわれが知っているかなり敷衍的な傾向を示すタルグム・ヨナタンとは性格をことにしていたことが推測される。勿論、クムラン出土のタルグム本文が逐語訳の流れに属するからといって、当時これとは別のタイプのタルグムが全く存しなかった、とはにわかに結論できない。しかし、その際も、逐語訳と敷衍訳どちらも伝わっているモーセ五書のタルグムの言語を検討すると、後者の方がアラム語史のなかで比較的後期のアラム語の特徴と考えられているような要素が少なくない、という事実を念頭におく必要がある。

註

（1）マキエラ（D. A. Machiela）は、この断片は、必ずしもレビ記全体のタルグムの一部、というよりは何か別の書の一部として挿入されていたものではないか、というフィッツマイアーなどの説を採るが、その根拠として死海写本中にタルグムの断片があまりにも少なすぎる、ということを指摘する。"Hebrew, Aramaic, and the differing phenomena of Targum and translation in the Second Temple period and post-Second Temple period," pp. 209–246 in R. Buth and R. S. Notley (eds), *The Language and Environment of First Century Judaea* (Brill: Leiden / Boston, 2014)、特に二四五頁。しかし、ユダの荒野から出土した同時代のベン・シラの知恵や十二小預言書のギリシャ語訳断片などを別個の他の文書の一部と主張する者はないであろう。このレビ記の断片を含むそのような文書が発見されない限りは、単に仮説として想定されたものを根拠に、第二神殿時代のパレスチナにはタルグムはまだ存在しなかった、とするのは早計であろう。マキエラは本稿の筆者が主張した第一一洞窟出土のヨブ記のタルグムの東方起原説を受け入れている。ここにおいても、われわれにとって重要な事実はそのような文書がクムラン教団の成員によって読まれ、おそらくそこで書き写され続けていたということ、つまり、レビ記やヨブ記のタルグムがイエス時代のパレスチナに存在して、流布していた、ということである。

（2）この問題の詳細については、拙著T. Muraoka, *A Grammar of Qumran Aramaic* (Leuven, 2011), pp. 215–17参照。

（3）F. García Martínez, E. J. C. Tigchelaar, A. S. van der Woude, *Qumran Cave 11·II* (*11Q2-18, 11Q 20-31*) (Oxford, 1998), 87. 筆者の知人でヘブライ語、アラム語の書体についての世界的な権威であるヤルデニ（A. Yardeni）は筆者の問い合わせに対して紀元一世紀の初頭ではないか、と言う。

（4）本項の筆者は前三世紀後半から二世紀前半の間の期間を示唆した：T. Muraoka, "The Aramaic of the Old Targum of Job from Qumran Cave XI," *Journal of Jewish Studies* 25 (1974), p. 442.

（5）もっとも、使徒パウロが師事したガマリエルの時代に、ヨブ記のタルグムが存した、ということがラビ文献に記録されていることは死海文書発見以前にも知られていた。ただし、そこで用いられている targum というヘブライ語が何語の訳をさしているのかは特定できない、とする学者もある。詳細については、M. Sokoloff, *The Targum to Job from Qumran Cave XI* (Ramat Gan, 1974), pp. 4–5 参照。

（6）チルトンは、前述のレビ記のタルグム断片もこのヨブ記のタルグムも逐語訳であるから、代表的なタルグムではない、と主張するが、これはタルグムの本質についての一方的な理解による。B. Chilton, "Targum, Jesus, and the Gospels," A-J. Levine, D. C. Allison and J. D. Crossan (eds), *The Historical Jesus in Context* (Princeton, NJ, 2006), p. 238.　さらに、彼はモーセ五書と預言書のタルグムに比して、諸書のタルグムは成立年代もさがるために、新約をよりよく理解しようとする場合にはその意義が極めて限定される、と主張するが（二四二頁）、ことヨブ記に関してはこれが事実にそわないばかりか、タルグムの成立が意味するところのものをあまりにも狭く捉えている、としなければならない。

（7）T. Muraoka, "The Aramaic of the Old Targum of Job from Qumran Cave XI," *Journal of Jewish Studies* 25 (1974), pp. 425–43, 特に 442–443.

第二章　イエスとタルグム

イエスと彼の弟子たちならびに初代キリスト教会のパレスチナのユダヤ教の背景を持つ信徒たち、言うなれば古代のメシアニック・ジュウズ（Messianic Jews）はタルグムに親しんでいたのだろうか？　ヘブライ語原典と同時にタルグムをも読み、学んだのであろうか？　あるいは二つのうちのひとつにしか親しんでいなかったのであろうか？　もし彼らがタルグムを参照したとしたら、その理由、目的はなんだったのだろうか？　原典をヘブライ語で読みこなせなかったからだろうか？　読むことは読めても、原典の釈義の新しい可能性を探ろうとしたのだろうか？(1)　イエスは子供時代、何語が母語だったのだろうか？　また、何語で弟子たちに、群衆に語りかけたのだろうか？　弟子たちは何語で語り合い、説教したのだろうか？　可能性としてはヘブライ語、アラム語、ギリシャ語、ラテン語の四つが考えられるが、ラテン語の使用は極めて限定されていたであろう。下っ端のローマ兵はともかく、総督をはじめとするエリートの中にはギリシャ語が多少は操れるものがいたとしてもおかしくはない。

問題は話し言葉にとどまらない。初代教会が残した文書の中にはヘブライ語あるいはアラム語で書かれたものはただのひとつもない。(2)　現存のギリシャ語の新約聖書の中にはヘブライ語あるいはアラム語から翻訳されたものも含まれているのだろうか？

これらの一連の疑問に答えるためには、紀元後一世紀のパレスチナの言語状況を考察する必要がある。この問題は、クリスチャンあるいは非ユダヤ人学者のみならず、ユダヤ人の学者の興味をもそそった。[3] 夙に一九〇八年に発表された論文において、ユダヤ人でラビ文献とその言語の権威と目されていたセガル（M. H. Segal）が聖書時代後期の所謂ミシュナヘブライ語は、通説によれば、当時のパレスチナのユダヤ人学者たちの間で学問用語、書き言葉として用いられていたヘブライ語にすぎなかった、とされていたのに対して、話し言葉としての要素をたぶんに備えていると主張してはいたものの、[4] ことにクリスチャン学徒たちからは一匹狼として無視され、イエスの時代にはヘブライ語はとっくに死語と化しており、当時のユダヤ人が用いたセム語はアラム語に限られていた、という意見が圧倒的であった。

このような学界の状況に革命的な変化をもたらしたものが一九四七年から出土し始めた死海文書並びに、死海北岸のクムラン洞窟からのみならず、ナハル・ヘヴェル、マサダ、ワディムラバアット、ナハル・ツェエリムなど近辺のユダの荒野から出土した一連の文書である。総数が千に近いこれらの文書の大多数は断片的であり、また四割近くは旧約聖書諸書の写本であるが、比較的限られた数のアラム語、ギリシャ語、西部アラム語方言のひとつであるナバテア語などの文書が含まれており、断片を含めて、これまでその存在を知られていなかったヘブライ語文書、あるいは偽典の「エノク書」や「ヨベル書」のようにセム語原文が失われて他言語への翻訳でしか知られていなかったもの、あるいは「ベン・シラの知恵」や「ダマスコ文書」のように中世の写本しか知られていなかったものなどをも含めて相当数のヘブライ語文書が出土し、最後の旧約聖書の文書が執筆されてから紀元二世紀初頭のバルコクバの反乱までの間のパレスチナにおける言語状況、それがバルコクバ以後の数世紀にどのように継承されていったかを知るのに極めて重要な文書群がここに出現したわけである。

これらのヘブライ語文書の研究に先鞭を付けた学者の一人として今なお高く評価されているヘブライ大学の故クッチャー教授（E. Y. Kutscher）はクムラン第一洞窟出土のイザヤ書全巻を含む巻物（1QIsa[a]）のヘブライ語と伝統的な従来の本文（MT）との綿密な比較研究を行い、[5] 両者の間の本文学的な相違でなく、言語学的相違は、前者の筆写者、またそのような本文に親しんでいた者たちは七〇〇年ぐらい前のヘブライ語に通暁していたのみならず、ミシュナヘブライ語に近いヘブライ語、サマリア人の間に伝わっていたヘブライ語にも近似したヘブライ語を日常的に、流暢に使っていたに違いないことを示している、と結論した。この巻物の筆写者は古典的な原典のヘブライ語を、その後のヘブライ語の変遷を反映した当世風のヘブライ語で置き換えているところが少なくない。同様のことはこのイザヤ書の巻物のみならず、死海写本中の他の聖書写本についても屢々妥当する。[6] また、死海文書発見以前には知られていなかったヘブライ語文書のヘブライ語もその著者は、少なくとも旧約聖書の古い部分の言語はその当時は古語の域に属していた筈にもかかわらずこれを自由に使いこなすのみか、旧約原典では用いられていないような用語や語法をも駆使している。

さらに重要でかつ興味深いことは、短命に終わったバルコクバのユダヤ政府の三年目に、つまり紀元一三四年あるいは一三五年に書かれたヘブライ語の土地借用書にその著者と彼の周辺の人々はヘブライ語を話し言葉としても使っていたとしか思えない用法が出て来るということである。[7] つまり、定形の直接目的語を示すのに付加される'eth-がtとして短縮された形で綴られているのである。'thmqwm, 't hmqwmwtがそれぞれtmqwm, tmqwmwtと書かれている。これは、'et ham-maqom, 'et ham-mqomotがそれぞれtammaqom, tam-mqomot、あるいはそれに近い形で発音されたものと解釈してよい。このような音声学上の現象は、ヘブライ語がただ書き言葉であったら、まず考えられない現象である。現代ヘブライ語においても同じ現象が日常的に観察される。たとえば、ra'iti 'et has-sefer「私はその本を見た」は、普通の早さで発音される時は、ra'iti t-ta-seferとなる。上記のナハル・ヘヴェル出土のヘブライ語文書では、この現象がひとつの文書では二度、もうひとつの文書では三度出るので、単なる不注意な書き損じとして片付けることはできない。(8)ローマへの反乱指導者のバルコクバがヘブライ語を書き言葉としてのみならず、話し言葉としても使用することを政治的なイデオロギーに基づいて指示したことは十分に考えられるものの、このような言語変化は一朝一夕には起こらないものである。(9)

一九四七年以降のこのような状況に鑑みて、イエス時代の多言語社会のパレスチナにおいてヘブライ語も日常語として使用されていたことを否定する学者はまずいないのは十分に理解できる。(10)ただヘブライ語の普及度に地域的なばらつきがあったのか、住民の教育程度による違いがあったのかどうか、あるいは用途による違いがあったのかなどについては、いまだ定説と言うべきものはない。(11)

異邦人への宣教者、使徒パウロは別としても、四福音書やパウロの著作以外の新約文書がギリシャ語で伝わっていることからしても、当時の、つまりヘレニズムギリシャ語で著作したアレキサンドリアのフィロンやヨセフスの著作に比べれば見劣りがするものの、新約文書の著者たちもかなり自由にギリシャ語を書くことができたことは認めざるをえない。稀には、ギリシャ語以外で口頭で筆述し、だれかにギリシャ語で書いてもらった、というような可能性を完全に否定はできない、としてもである。しかし、イエス自身がギリシャ語を操られたかどうかについての判断を下すためのデータはない。いずれにしても、ギリシャ語の使用は本稿のテーマの埒外になるので、ここではこれ以上追求しない。[12] 残るのはアラム語である。

註

（1）ティンダル聖書註解書中のコリント前書の註解のはしがきに著者のモリス（L. Morris）が「私には、いくつかの現代英語訳も大変有用であった。翻訳とは、とりもなおさず註解書を圧縮したものではないだろうか？」と述べているのが含蓄に富む。

（2）あるいは、ひとつも残っていない、と言うべきか。エウセビオスの『教会史』に「ペテロとパウロがローマで伝道し、教会を築いている時に、マタイはヘブライ人の間で、彼ら自身の言葉で福音書をも書いて、世に出した」（五・八・二）と言っていることは周知のとおりである。「彼ら自身の言葉」とはヘブライ語かアラム語かであろう。

（3）邦語では土岐健治『イエス時代の言語状況』教文館、一九七九年、一三一―一〇六頁（＝本書一五―九一頁）があるが、欧文による最近の研究成果としてはS. E. Fassberg, "Which language did Jesus and other contemporary Jews speak?," *Catholic Biblical Quarterly* 74（2012）, pp. 263–280; M. Eskhult and J. Eskhult, "The language of Jesus and related questions — a historical survey," *Kleine Untersuchungen zur Sprache des Alten Testaments und seiner Umwelt* 15（2013）, pp. 315–373; R. Buth and R. S. Notley（eds）（第1章註1参照）をあげたい。

（4）"Mishnaic Hebrew and its relation to Biblical Hebrew and to Aramaic," *Jewish Quarterly Review OS* 20（1908）, pp. 647–737.

（5）*The Language and Linguistic Background of the Isaiah Scroll*（現代ヘブライ語）（Jerusalem, 1959）（英語版 Leiden, 1974）.

（6）T. Muraoka, "An approach to the morphosyntax and syntax of Qumran Hebrew," T. Muraoka and J. E. Elwolde（eds）, *Diggers at the Well: Proceedings of a Third International Symposium on the Hebrew of the Dead Sea Scrolls and Ben Sira*（Leiden, 2000）, pp. 193–214 参照。

（7）クッチャーは後四／五世紀のラビの発言として、「世間の人が使うに相応しい言葉が四つある。歌にはギリシャ語、戦場にあってはラテン語、哀悼を表するにはアラム語、会話にはヘブライ語」（パレスチナタルムッド：Megilla 一―二）を引用し、そのラビの出身地はユダの南部であり、この時代にすらヘブライ語が話し言葉として通用していた証拠であろう、と指摘している。E.Y. Kutscher, "The Hebrew and Aramaic letters of Bar Koseba and his contemporaries, Part II," *Leshonenu* 26（1961）p. 22.

（8）Y. Yadin, J. C. Greenfield, A. Yardeni, and B. A. Levine（eds）, *The Documents from the Bar Kokhba Period in the Cave of Letters: Hebrew, Aramaic and Nabatean-Aramaic Papyri*（Jerusalem, 2002）, pp. 44, 66.

（9）ナハル・ヘヴェル出土の手紙の中にはアラム語やギリシャ語のものも含まれていることから、バルコクバも譲歩しなければならないような場合もあったことがうかがわれる。田川（田川建三『書物としての新約聖書』勁草書房、一九九七年、二一五頁）は本論考の著者や土岐が現代イスラエルの国粋的な学者にうまうまとかどわかされている、とするが、これは根拠のない憶測の域を出ない。ミシュナヘブライ語に関する前述のセガルの論文は政治的シオニズムと文化的シオニズムとが抱き合わされ始めるようになる以前に発表されている。現代ヘブライ語復興の父と仰がれるエリエゼル・ベン・イェフダもミシュナヘブライ語を話し言葉とみなして、現代ヘブライ語をその土台の上に築こうとはしなかった。彼は、その文書の成立年代を問わず、ヘブライ語で書かれたものならばなんでも手当り次第に活用しようとした。

（10）著名な、稀な例外としてハイデルベルグ大学の故バイヤー（K. Beyer）を挙げることができる。この碩学によれば（*Die aramäischen Texte vom Toten Meer: samt den Inschriften aus Palästina, dem Testament Levis aus der Kairoer Genisa, der Fastenrolle und den alten talmudischen Zitaten ; aramaistische Einleitung, Text, Übersetzung, Deutung, Grammatik, Wörterbuch, deutsch-aramäische Wortliste, Register*, Bd. 2［Göttingen, 2004］）、ヘブライ語は前四世紀に死滅（Aussterben）しており（六七頁）、「遅くとも前三〇〇年から後一八八〇年まで誰一人これを母語（Muttersprache）として用いなかった」（三一頁）とされる。この点に関して、グゼッラの立場はほぼ恩師バイアーのそれに沿っている。H. Gzella, *A Cultural History of Aramaic: From the Beginnings to the Advent of Islam*（Leiden, 2015）, pp. 226ff.

（11）Fassberg（本章註3、276–277頁）はスポルスキ（B. Spolsky）による言語分布状況を紹介している。

（12）　Eskhult and Eskhult, Language of Jesus（本章註3）、pp. 340–346頁参照。イエス時代のパレスチナにおけるギリシャ語の位置については、土岐（本章註3）、一七―五九頁（＝本書一八―五二頁）が今なお参照に値する。五九頁（＝本書五二頁）の付記は特に注目に値する。

第三章　イエスとアラム語

イエスが使った言語のひとつとしてアラム語が考えられたについてはいろいろな事情がある。

アラム語は、数あるセム語の中で生きた言語として間断なく用いられて今日に生き残っているものとしては最古のものである。現存のアラム語文書で最古のものは前一〇世紀に遡る、と考えられる。しかし、中近東においてアラム語を話す民族は軍事力を楯として国家、帝国を築いたことはない。にもかかわらず、数十年前に北シリアから出土した前一〇世紀のものと考えられる碑文は、当時の少なくともメソポタミア全土に定着していたのがアッシリア帝国の公用語アッシリア語であったにもかかわらず、ある地域の領主の顕彰碑としてアッシリア語・アラム語の二言語による碑が建立されていることからしてもアラム語が既に隠然たる勢力を享受していたことがうかがえる。その後、バビロニア、ペルシャ、と地政的な状況は変遷してもアレキサンダー大王の出現まではアラム語は中近東の共通語の位置を維持し続けた。このことはパレスチナにも該当し、バビロン捕囚、捕囚からの帰還を経ることによって、アラム語は古代イスラエル人の間に深く浸透するに至り、旧約聖書の中の一部が、言うなれば彼らの征服者の言語で書かれていても、それを正典の一部として許容することにさしたる抵抗がなかった、と見える。それどころか、モーセ五書の中に古代イスラエル人の起源をアラム族に求める一節すらある（申命二六5）。語彙や文法においてアラム語とヘブライ語が極めて近いのみならず、そのアルファベットも、前千年期の前半は「古ヘブライ書体」と言われるアルファベットが流布していたのが、その後、アラム語式のアルファベットに取って代わられたことからも、古代イスラエル人がアラム語に対して感じていた親近感を推し量ることができる。旧約聖書の後代の文書のヘブライ語にはアラム語による影響の痕が多分に認められ、七十人訳の翻訳も当時のアラム語を念頭においてヘブライ語原文を解釈しているように思われるところが少なくない。他方、死海文書中のアラム語で書かれた文書の言語はヘブライ語の影響をも示しており、この二言語の共存（symbiosis）は一方通行ではなかったことがうかがわれる。

このような背景を考えると、新約聖書、ことに福音書の中にアラム語が散見するのも異とするにたりない。このデータが、福音書のあるものは本来アラム語で著作された、あるいはアラム語で書かれた資料を用いて書かれたとか、イエスや弟子たちはヘブライ語でなくアラム語を語り、アラム語で教えたという立場の主たる根拠とされたのであった。それがために、少なくとも福音書をアラム語に翻訳することによって、イエスが、また福音書記者たちが言わんとしたことをより的確に理解できるのではないか、ということも言われた。ユダヤ人の用いたアラム語の諸方言に関する前世紀の最高の権威と目されていたダルマン（G. Dalman）は、自分が福音書のタルグムを出版してくれるのではないか、との期待を裏切らざるをえなかった、と告白している。[1] ダルマン自身が他のだれよりもよく知っていたように、どのアラム語方言に翻訳するのか、は決して生易しい問題ではなかった。上述のモーセ五書の全訳であるタルグム・ネオフィティが発見されたとき、そこに使われているアラム語はイエスたちが用いたアラム語である、という主張もなされた。しかし、そのタルグムの成立年代が確かでないのに対して、死海写本中のアラム語文献は、少なくともそれが書き写された年代はかなりの程度に確定できるし、さらに重要なことは、その文書の中には他所から搬入されたものも含まれていたかもしれないとしても、まさしくパレスチナで用いられ、読まれていたという事実である。イエスとその弟子たちがアラム語を用いていたとしたら、その言語の姿は死海写本中のアラム語文書のそれに近かったのではないか、と思われる。[2]

新約聖書に散見するアラム語の例をいくつか挙げると、「タリタ・クミ」＝「少女よ、起きなさい」（マルコ五41）では、前者はアラム語以外ではありえず、動詞は偶々ヘブライ語と同じである。[3]「マラナタ」＝「私たちの主よ、来てください」（一コリント一六22）[4]、「エロイ、エロイ、レマ　サバクタニ」＝「わが神、わが神、なぜわたしをお見捨てになったのですか?」（マルコ一五34）[5]、「アケル・ダマ」＝「血の畑」（使徒一19）、「ベト・ザタ」＝「オリブの家」（ヨハネ五2）[6]などがある。地名や人名の中にはアラム語形の方が人口に膾炙していた場合もあるであろう。[7]また、最初の例では、問題の少女はアラム語しか通じなかったのかもしれない。いずれも後一世紀におけるパレスチナでのアラム語の普及度を示してあまりある。

ところで、イエスやその弟子たちはタルグムを読み、参照したであろうか?　この問いに答える直接的な証拠は皆無である。重要な状況証拠のひとつとして、後一世紀のパレスチナには旧約聖書のタルグムが存したことは上述のとおりである。旧約聖書全体のタルグムが既に出回っていたかは知る由もないが、少なくとも五書や、諸書の中の一部は参照しようと思えばできたと考えられる。また、イエスやその弟子たちにとって書かれたものであれ、口頭で伝えられたにしろ、そのようなタルグムを理解するにさしたる困難はなかったであろう。とすれば、イエスの教えとして伝わっているもの、またそこから出発して書き記された新約文書にタルグムとの接点、タルグムからしか引き出せないような旧約聖書の解釈が反映されているかが問われることになる。

最近発表された論考においてボヤーリン[8]（D. Boyarin）はヨハネ福音書冒頭のギリシャ語名詞 logos が単に語られる言葉というだけでなく、創造的な活動を行う主体として提示されており、ギリシャ世界に於いても見られるこういった思想はアレキサンドリアのフィロンにも跡づけられるが、第四福音書におけるこういう思想は何もギリシャ世界にその起源を求める必要はなく、お膝元の敷衍訳の部類に属するパレスチナ・タルグムにそれを認めることができる。ヨハネはそういった思想をミドラシュ的に敷衍しているのではないのか、と言う。ヘブライ語原文では四文字からなる神名がしばしば「ヤハウェのことば（memar）」で置き換えられている。たとえば、出エジプト一三21[9]がネオフィティでは「ヤハウェのことばが日中は雲の柱をもって彼らの前を進んだ」となっている。ヨハネ福音書とネオフィティとの間の近似性が著しいことは否定できないものの、逐語訳のオンケロスはこういう訳はしていないのであるから、ネオフィティに代表されるような釈義が紀元一世紀に既に流布あるいは定着していたかが問われなければならないし、循環論に陥ることを警戒する必要がある。

この分野に関するもうひとつの最近の研究のひとつに二〇〇六年のチルトン（B. Chilton）によるものがある。[10]

タルグム、とくに敷衍的なタルグムの解釈が生易しいものでないことはチルトンによるタルグム・

ヨナタンのイザヤ五三3―9の分析から例証できよう。彼によれば、このタルグムには後七〇年のローマ軍によるエルサレムの破壊、神殿の破壊を前提としてローマ人への敵意がにじみ出ており、同時に戦闘的なメシアニズムが高らかに歌われている、と言う。しかし、テキストを注意深く読めば、そういう理解は読み込みではないのか、破壊された神殿（実際には「穢《けが》された神殿」）は、このタルグムの成立年代を確定できない限り、第二神殿でなく、第一神殿と読んでも別におかしくはない。

チルトンはレビ記二二28に、ヘブライ語原文とは無関係に「われわれの父が天にあって慈しみ深くあられるように、あなた方も地上にあっては慈しみ深くありなさい」と偽タルグム・ヨナタンにあるのがルカ六36にもイエスの教えとして記録されていることにわれわれの注意を促す。これは、イエスがそういうタルグムを識っておられたというよりは、むしろそういう思想を両者が独自に伝えているのではないか、とチルトンは判断する。その際、イエスが他者からこの思想を借用された、とする必要はなく、イエス自身の独創的な教えとしてもよい。この例は、類似の思想や表現の相互関係の解釈に一般的にまつわる困難さを例示している。

イエスが、あるいは新約文書の著者がタルグムをそのまま引用している例があるだろうか？　チルトンは歴代の解釈者の頭痛の種となって来たマルコ四11―12に言及する。これはイザヤ六9―10の引用である。ここでマルコのテキストは12節でイザヤのヘブライ語本文とも七十人訳とも違っている。チルトンによれば、タルグムはイスラエルの民衆の態度を描写しており「彼らは見はするが認めず、聞きはするが悟らない、悔いて赦されるといけないからである」と読み、MTの「彼らが癒される」の代わりに「赦される」としており、この点でマルコと同じである、と言う。[11]　しかしタルグムは

dilmaʾという目的を表す接続詞を用いているから、[12]民衆の態度の描写にとどまらない。さらにこのアラム語の接続詞はMTでここで用いられているpenと同じくそれ自体の中に否定の要素を含んでいて「……しないように」を意味し、10節の「見る、聞く、理解する、悔いる、赦される」という動詞のすべてに同様にかかるものであり、チルトンの敷衍にあるようなso that ... not ... lestという二重構造にはなっていない。さらに問題を複雑にしているのは、並行箇所のマタイ一三15が「私が彼らを癒す」で終わっていて、MTと七十人訳と一致しているから、マタイとマルコとどちらがイエスの発言を正確に伝承しているのか、という問題が出てくる。

タルグムに特徴的な表現が新約聖書に用いられていることもある、としてチルトンは「神の国」に相当する表現としてとくにタルグム・ヨナタンに頻出するmalḵuṯā d-YHWH ṣvaʾot「万軍の主の支配」(たとえばイザヤ二四23)を挙げるが、かなり近いとしても、「神の国」や「天の国」とはまだ隔たりがある。

マタイ七2、マルコ四24でイエスの言葉としてあげられている「あなた方が量る時に使う秤であなた方も量られるであろう」という表現とほぼ同じ形がイザヤ二七8のタルグム・ヨナタンにMTとは関係なく出ていることをチルトンは指摘する。[13]しかし、チルトンは、同じような格言が古いラビ文献にも出ているから、イザヤ書のタルグムの著者とイエスとは偶々ユダヤ人の間で流布していた格言を用いたまでで、相互依存の問題ではなかろう、と結論する。[14]

註

（1）G. Dalman, *Jesus-Jeschua. Die drei Sprachen Jesu-Jesus in der Synagoge, auf dem Berge, beim Passahmahl, am Kreuz* (Leipzig, 1922), p. iii.　ダルマンにはこのほか *Die Worte Jesu*（Leipzig, ²1930）がある。

（2）このアラム語の文法については、筆者による *A Grammar of Qumran Aramaic*（Leuven, 2011）がある。辞書はゲッチンゲン大学で編纂中、と聞く。M. Sokoloff, *A Dictionary of Judean Aramaic*（Ramat-Gan, 2003）は死海写本は部分的にしか扱っていない。

（3）「クム」（κουμ）と読む複数の写本があるが、これは男性形であり、外来語になじまないギリシャ語写本筆書者による書き損じであろう。

（4）marana ta と分割する。

（5）「エロイ」はヘブライ語で、イエスの叫びは純粋にアラム語ではない、と言われるが、カマツで表示される母音はこの時代において既に「オ」に近く発音された可能性もあり、そうなると「エロイ」はアラム語としても問題ない。しかし、このときイエスが意識して詩篇二二2を引用されているとしたら、今わの際においてそれをアラム語に翻訳して引用されるのは不自然であろう。並行箇所のマタイ二七46の異本「エリ、エリ、ラマ　ザフタニ（＝アザフタニ）」がより正確な引用かもしれない。田川（前掲書［第二章註9］二二四頁）は、マタイ（二七46）はヘブライ語の「サバクタニ」に変えている、というが今ひとつ不可解である。彼自身（二一一頁で）これをアラム語として扱っている。アラム語が深く浸透しているミシュナヘブライ語もこの動詞は滅多に用いない。ブース（R. Buth）は、これはミシュナヘブライ語におけるこの動詞の最初の例である、というが、彼が引用するもう一つの例は後九世紀の文書からであり、このような普通の概念を表す単語が九世紀近くもしてやっと二度目に出てくるというのは異常である。そして、聖書時代から始まってヘブライ語にはこの概念を表す動詞がいくつかあり、いずれも頻度が高い。また、ブースが引用するミシュナに同じ語根から派生する動作名詞 šibuqin が、しかもアラム語で書かれた離婚証書に出てくるからと言って、十字架上のイエスが離婚という状況を念頭に置きつつこの言葉を発せられた、というのはいかがなものであろう。R. Buth, "The riddle of Jesus' cry from the cross: The meaning of ηλι ηλι λαμα σαβαχθανι (Matthew 27:46) and the literary function of ελωι ελωι λειμα σαβαχθανι (Mark 15:34)," in Buth and Notley, 前掲書（第一章註1）四一六—四一八、四二一頁。

（6）ここには 'Εβραϊστί と断ってあるが、このギリシャ語の表現が曖昧である。問題の地名は、言語学的には疑いもなくアラム語である。ブースとピアス（R. Buth + Ch. Pierce）はこの地名の後半は所謂「青銅の巻物」（3Q15）に出ているヘブライ語 'sṭ'n に相当し、これはギリシャ語 στοά の借用語である、と主張するが、ギリシャ語の母音 α にしろ、ヘブライ語の最後の子音 n の音声学的扱いが粗雑にすぎる。R. Buth and Ch. Pierce, "*Hebraisti* in ancient texts: Does 'Εβραϊστί ever mean 'Aramaic'?" in Buth and Notley, 前掲書（第一章註1参照）一〇三頁。ここから、このギリシャ語はヘブライ語という言語をさすのではなく、「ヘブライ人の言葉」という意味ではないか、とされる。そうすれば、時と場合によってアラム語が意図されていることもあり得るわけである。同じ曖昧さは新約聖書やその他のギリシャ語文献で他にも出てくる。

（7）ブースとピアスは、「「ベテスダ」、「ガバタ」、「ゴルゴタ」などの地名は語源的にはアラム語であるが、これらの固有名詞はヘブライ語の一部として当時は受け入れられていた」とするビヴィン（D. Bivin）とラジャック（T. Rajak）の見解を紹介するが（前掲書［第一章註1］九八頁、脚註九一、ならびに九七頁、脚註九一）、そのことと、これらの地名が普通名詞としてヘブライ語で用いられていた、ということは問題の本質が異なる。

（8）D. Boyarin, "*Logos*, a Jewish word: John's prologue as midrash," A-J. Levine and M. Z. Brettler (eds), The Jewish Annotated New Testament: New Revised Standard Version Bible Translation (Oxford, 2011), pp. 546–49.

（9）ボヤーリンの一七21は誤植。

（10）前掲（第一章註6）論文, pp. 238–55.

（11）「癒し」が「赦し」で置き換えられた点でマルコとタルグムが一致することは前世紀前半にマンスン（T. W. Manson）が指摘している。

（12）チルトンとは違って、タルグムは接続詞 d- を用いていて、それがマルコの hina に対応するのではない。

（13）前掲論文、二四八頁。
（14）チルトンは、ラビ文献の中の例のひとつとしてバビロニア・タルムッドの中の Sotah 8b を挙げるが、その原典であるミシュナの Sotah 1. 7 にイーダーシャイム（A. Edersheim）が夙に一八八三年に言及している。*The Life and Times of Jesus the Messiah* (London, 1883), I.539.　ミシュナはヘブライ語で書かれている！

結論

結論として言えることは、イエスの時代にパレスチナでは既にタルグムが流布していた、彼とその弟子たちはそれを読み、理解することにさしたる困難はおぼえなかったであろう。しかし、彼らが日常的にタルグムに触れていたかどうか、読んでいたかどうかは現在われわれがもっているデータでは判断できない。新約聖書、ことに福音書にタルグム独特の言い回しや、特定の旧約聖書の箇所でタルグムに示されているような解釈に共通なものが認められることは確実である。しかし、これが意識的な引用であるとはにわかには断定し難い。

ここで興味深いデータを供しているのが、イエスの誕生の前後に成立したのではないかと考えられている、これもクムラン出土の、しかもアラム語で書かれた「創世記外典」（1Q20）である。断片的ではあるが、創世記の物語を民話風に拡大、敷衍して書き直した文書である。所謂 rewritten Bible の例である。そのなかに聖書のテキストがアラム語で随所に組み込まれている。われわれの理解では当時既にオンケロスに類似した創世記のタルグムが流布していたのではないか、と思われるにもかかわらず、いくつかの箇所で両者は全く違った表現を用いているのである。このことはこの二文書より時代がさがるかもしれない偽ヨナタン、ネオフィティなどと比較しても同様である。たとえば、

1Q20 一九20（創世記一二13 ḥayṭa nafši big̱ḻalek）tplṭ npšy bdylyky「君のおかげで僕が命拾いする」// オンケロス tiṯqayyam nafši b-fiṯgāmaḵi // 偽ヨナタン ttqyym npšy ʾmṭwltyk // ネオフィティ ttqyym npšy bzkwwtyk。同様に 1Q20 二一2（創世記一三4 šm YHWH）šm mrh ʿlmyʾ「永遠の主の名」// オンケロス、偽ヨナタン、ネオフィティ šmʾ dywy = MT. 後代になってオンケロスや預言書のヨナタンがユダヤ教教団のお墨付きを得た公式のタルグムとなったのと違い、イエス誕生の前後にはまだ色々な個人があるいはグループが独自にアラム語での解釈、翻訳を試みていたのではないか、と考えられる。新約聖書とタルグムとの関係を考察するにあたってもこのような背景をも考慮に入れる必要があるのではなかろうか。

付論1　メシア告白の問題

土岐　健治

序

共観福音書は、「汝はユダヤ人の王なるか」というピラトの問いに対するイエスの答えとして、σὺ λέγεις シュ・レゲイスということばを伝えている（マタイ二七11、マルコ一五2、ルカ二三3）。さらにヨハネ福音書も並行箇所である一八37において、共観福音書とほとんど同じ σὺ λέγεις ὅτι βασιλεύς εἰμι シュ・レゲイス・ホティ・バシレウス・エイミという答えを伝えている。

大祭司（ルカでは最高法院《サンヘドリン》の議員たち）の発した、「汝は神の子キリストなりや」との問いに対しても、マタイ（二六64）は σὺ εἶπας シュ・エイパス、ルカ（二二70）は ὑμεῖς λέγετε ὅτι ἐγώ εἰμι ヒューメイス・レゲテ・ホティ・エゴー・エイミと、いずれも右の表現によく似た答えをイエスのことばとして伝えている。

さらにマタイは、マタイに固有な二六25で、ユダの問いに対して、イエスをして σὺ εἶπας シュ・エイパスと答えしめている。

以上の箇所をまとめてみると、次頁のようになる。

マタイ

二六25

（ユダ）「先生、まさか私ではないでしょうね」（否定の答えを予期する疑問文）。

（イエス）「σὺ εἶπας（シュ　エイパス）」。

二六63

（大祭司）「生ける神に誓ってわれわれに答えることを命ずる。汝は神の子なるキリストなのか」。

64（イエス）「σὺ εἶπας（シュ　エイパス）　それはともかくとして、あなたがたに言っておくことがある。あなたがたはやがて人の子が力あるおかたの右に坐っているのを、また天の雲の上に乗ってやって来るのを見るであろう」。

マルコ

一四61

（大祭司）「汝はほむべきおかたの子なるキリストなのか」。

62（イエス）「［σὺ εἶπας ὅτι］ ἐγώ εἰμι（［シュ　エイパス　ホティ］エゴー　エイミ）そしてあなたがたは人の子が力あるおかたの右に坐っているのを、また天の雲と共にやって来るのを見るであろう」。（この箇所のテキストの問題については後でふれる）

ルカ

二二23

すると彼らは、彼らの中でこんなことをしようとしているのはいったい誰なのだろうかと、互いに論じ合った。

二二67

（大祭司ら）「もしもおまえがキリストなら、われわれに（はっきりそうだと）言え」。

（イエス）「私があなたがたに答えても、あなたがたは決して信じないのだ。68私がたずねても、あなたがたは決して答えてくれないではないか。69いずれにせよ、やがて人の子は神の力の右に坐すことになるのだ」。

70（大祭司ら）「それでは、おまえがその神の子なのだな」。

ヨハネ

二七11
（ピラト）「汝はユダヤ人の王なのか」。
（イエス）「σὺ λέγεις（シュ　レゲイス）」

一五2
（マタイ二七11と一致）

（イエス）「ὑμεῖς λέγετε ὅτι ἐγώ εἰμι（ヒューメイス　レゲテ　ホティ　エゴー　エイミ）」
二三3
（マタイ二七11と一致）

一八33
（ピラト）「汝はユダヤ人の王なのか」。
（イエス）「あなたはそんなことを自分から言っているのか、それとも他の人々が私について（そんなことを）言ったのか」。…………
37（ピラト）「それで結局のところ汝は王なのか」。
（イエス）「σὺ λέγεις ὅτι βασιλεύς εἰμι（シュ　レゲイス　ホティ　バシレウス　エイミ）」

さて、ギリシア語の知識のない読者のために、いちおう右のギリシア語を日本語に「直訳」してみると、次のようになる。

① σὺ λέγεις.　あなたは言う。
② σὺ λέγεις ὅτι βασιλεύς εἰμι.　あなたは、私が王である、と言う。
③ ὑμεῖς λέγετε ὅτι ἐγώ εἰμι.　あなたがたは、私がそう（神の子）だ、と言う。
④ σὺ εἶπας.　あなたは言った。[(1)]

これは文字通りの「直訳」であって、日本語として意味をなしていない。いったいこれらの答えはどのような意味をもっているのだろうか。

日本聖書協会版口語訳聖書は、右の四つのギリシア語表現を、次のように訳している。

①そのとおりである。
②あなたの言うとおり、わたしは王である。
③あなたがたの言うとおりである。
④マタイ二六25　いやあなただ。
　マタイ二六64　あなたの言うとおりである。

すなわち、これらのギリシア語をすべて、明瞭な肯定の答え、と解している。これに対して、手許にある The New English Bible の訳は、以下の如くである。

① The words are yours.
② "King" is your word.
③ It's you who say I am.
④ The words are yours.

荒井献は『イエスとその時代』（岩波新書〔青版〕九〇九、一九七四年。以下の引用は一九七五年の第四刷による）において、「確かに、『あなたはそう言う』という言葉は、相手の問の内容を婉曲的に肯定する表現ではある」（一九四頁。一九八―二〇〇頁をも参照）と記しているが、数年後の『イエス・キリスト』（講談社、一九七九年）においては、「これ――『あなたはそう言う』――は婉曲的な否定の言葉（マルコ一五・二も同様）であ」る（三一八頁。三二〇―一頁をも参照）、と記している。

このような相反する解釈が生ずる原因は、言うまでもなく、これらのギリシア語表現の意味がはっきりしないことによる。実際これらの表現の意味を一義的に定めうるような証拠――たとえば οὐ λέγεις や οὐ εἶπας が、肯定あるいは否定の答えとして用いられている例――は、古代ギリシア語文献の中に見出されないのである。(2) そのためこれらの表現をめぐって、さまざまな議論が重ねられてきたが、いまだ定説を見出し得ないのである。[3]

しかも、この問題について、セイヤーが名著『新約聖書ギリシア語辞典』で述べた見解を、後になって訂正していること、[4] また現代を代表するバウワーの『新約聖書ギリシア語辞典』が、ドイツ語版原著と英語版とでは、説明を異にしている事実、[5] これらは、この句の解釈の困難さを示すものであろう。

この小論は、右の四つのギリシア語表現について、一つの解釈の試みを提出しようとするものである。

その際、まず第一章において、全般的、基本的な文法的判断を示した後、第二章において新約聖書の各テキストを検討し、第三章において古代教父の解釈を参照し、最後に第四章においてラビ文献における類似の表現を検討する、という順序で話を進めていきたいと思う。

註

（1）　これをさらに詳しく説明すると、σύ＝あなたは、λέγεις＝あなたは言う、ὅτι＝ということを（ただし「……だから」とも訳し得る。このことは後でふれる）、βασιλεύς＝王（主格）、εἰμί＝私は……である、ὑμεῖς＝あなたがたは、λέγετε＝あなたがたは言う、ἐγώ＝私は、εἶπας＝あなたは言った。以上の説明からも明らかなように、ギリシア語の動詞は代名詞主語を必要としない。代名詞主語が用いられている場合には、主語になんらかの意味で強調があるものと考えられる。その意味で、われわれの問題としているすべての箇所における代名詞主語の存在は、注目すべきである。

（2）　この点には一三三—三四頁でふれることにしたい。

（3）　従来の研究者たちの説については、J. Irmscher, Σὺ λέγεις (Mk. 15, 2—Mt. 27, 11—Lk. 23, 3), *Studii Classice*, II (1960), S. 151–8（特にS. 153–6）およびD. R. Catchpole, The Answer of Jesus to Caiaphas (Matt. XXVI. 64), *NTS* 17 (1970), pp. 213–226（特にpp. 213f.）の詳細な報告を参照されたい。アームシャーはσὺ λέγεις に関する諸家の説を、①否定の答えととるもの、②肯定の答えととるもの、③中間的立場、の三つに分類して紹介している。キャッチポールは、特にユダヤ系の学者たちのσὺ εἶπας（マタイ二六64）に関する解釈を、①肯定ととるもの、②あいまいであり肯定ではないととるもの、③中間的立場（たとえば「表現そのものはあいまいだが、文脈から肯定」とするもの、等）、の三つに分類して紹介している。参考までに、アームシャーの紹介する③の中から、いくつかの解釈例を挙げると、「遠まわしの肯定」(implied affirmative)、「肯定も否定もしない」、「あいまいな答え」(vieldeutig)、「問いそのものを退けている」、「強制された肯定」、「いやいやながらなされた承認」、「答えを回避している」(ausweichend) 等々、実に多様であり、アームシャーをして、Quot capita, tot sensus!—Quot homines, tot sententiae!（意見の数は頭の数と同じ。人皆意見あり）と嘆かしめているほどである。

（4）　J. H. Thayer, *A Greek-English Lexicon of the New Testament* (Edinburgh: T. & T. Clark) は、基本的にグリム (C. L.

W. Grimm）のドイツ語原著の英訳であるが、セイヤーによって大幅に加筆・改訂されており、結局このセイヤー版のほうが今日まで寿命を保っている。セイヤーの初版序文は一八八五年に、改訂版（第何版かは不明）序文は一八八九年に記されている。現在流布している第四版（一九〇一年）には上記二つの序文しか掲載されていないところをみると、一八八九年以後は大きな改訂はなされていないものと考えてよいであろう。この辞典の λέγω と εἶπον の項には、σὺ λέγεις および σὺ εἶπας は肯定の答えであると記されている。しかも後者ではごていねいに、セイヤー自身が、異説として σὺ εἶπας を「返答拒否」non-commital とる説を紹介し、続けて、マルコ一四62とマタイ二六64との並行関係を持ち出すことによって、これを論駁しているのである。ところがセイヤーは一八九四年の論文で、これらを単純な肯定ととる立場を放棄し、逆に non-commital とする立場をとるに至っている。このセイヤーの論文の内容には後でふれることにしたい（一章註7参照）。

（5） W. Bauer, *Griechisch-Deutsches Wörterbuch zum Neuen Testament* (Berlin: Alfred Töpelmann) の第五版（一九六三年）は、σὺ λέγεις を das behauptest du と、σὺ εἶπας を du hast es gasagt と訳し、後者ではすぐ続けて ausweichend od. gar ablehnend（返答回避ないしは拒否）と説明を加えている。

ところがこの辞典の英訳 *A Greek-English Lexicon* (Chicago: The University of Chicago Press, 1957) は、σὺ εἶπας を you have said it = yes と訳してブラス＝デブルンナーの説明（第一章註10参照）を引用し、σὺ λέγεις のほうは (that is what) you maintain と訳して、E. J. Goodspeed の yes および M. Smith の so you say という訳を紹介している。少なくとも σὺ εἶπας についてはドイツ語版と完全に対立していることになる。これはおそらく、英語版のよっている原著第四版（一九四九―五二年）の見解というわけではなく（この点確認できなかった）、英語版訳編者（W. F. Arndt and F. W. Gingrich）の手による改訂であろう。

なお一九七九年に出版された英訳第二版と、二〇〇〇年の英訳第三版の εἶπον の項には、"σὺ εἶπας sc. αὐτό *you have said it* is evasive or even a denial" とあり、原著第五版＝第六版（一九八八年）に合わせている。σὺ λέγεις の方はキャッチポールの論文を加えた外は、旧版と全く同じ説明をくり返している。

第一章　文法的検討

(一)　ギリシア語における問答の型

まず第一に、われわれは、οὐ λέγεις が肯定の答えであることを示す例が古典ギリシア語の中にある、と言う説を取りあげて、検討してみることにしたい。この説が正しいものとすれば、以下の研究は不要となるであろう。グッドスピードは、ソポクレスの悲劇『オイディプス王』一四七五―六行の問答、“λέγω τι;”「その（私の言う）通りか」、“λέγεις.”「そうです」、を引き合いに出して、οὐ λέγεις 肯定論の根拠にしているのである。[1]

この場合 “λέγω τι;” は、「私は何かを言っていますか」（直訳）→「私は何か意味のあることを言いましたか」→「私の言ったことは意味が通っていますか」→「私の言う通りですか」となるのであり、これに対して “λέγεις.” は「あなたは（意味のあることを）言っています」→「その通りです」となるわけである。

ここでわれわれはギリシア式の問答法にふれなければならない。ギリシア語には、質問者のことば（主として動詞）と同じことばを相手がくり返す、という問答の一つの型がある。たとえば「見えますか」―「見えます」、「同意しますか」―「同意します」、「知っていますか」―「知りません」のごとくである。[2] 右にあげた『オイディプス王』の例文も、この型の一例であり、"λέγω τι;" と尋ねているからこそ "λέγεις." が肯定の答えとなっているのである。λέγεις ということばそのものに肯定の答えとしての意味がある、などということは全く見当違いである。

先にもふれた通り、σὺ λέγεις や σὺ εἶπας は、ギリシア語の問答法（答え方）の型として文法家が挙げるものの中には含まれていない。[3] この点を今一度確認した上で、問題となっている新約聖書のことばの文法的検討に移りたいと思う。

(二)　各テキストの人称代名詞主語

われわれは、問題の表現のすべてが、人称代名詞主語を動詞の前に置いている点に注目しなければならない。序の註1でも述べたとおり、ギリシア語では人称代名詞主語の存在は、なんらかの意味で主語に強調のあることを示している。ただし、この原則は機械的に適用されるべきではなく、古典ギリシア語の中にも、人称代名詞主語が特に強調なしに用いられている例がある。[4] さらに新約聖書の時代には、特別な強調なしに人称代名詞を用いる傾向が認められ、確かに新約聖書の中にもこの傾向は存在する。[5] しかし、新約聖書の場合にも、やはり一般的には右に述べた原則が生きていると考えて差しつかえない。[6] したがって問題は個々のテキストの解釈にかかってくる。ここではひとまず、文法的な問題に限定して、個々のテキストを検討してみることにしたい。

マタイ二六25の問答では、ユダの問いの中にある ἐγώ（「まさかわたしでは……」）に強調のあることは明瞭であり、イエスの答えにおける σύ（あなた）はこの ἐγώ に対応して、明らかに強調されている。さらにユダの問いが、一般に否定の答えを予期する疑問文の型に属していることにも、留意しなければならない。以上の点を考慮して、イエスの答えをパラフレーズすると、次のようになる。「君は否定の答えを予期しているようだが、残念ながら、君の期待どおりの答えをするわけにはいかない。否、むしろ、君の問いに対する答えは、君自身のことばの中にこそあるのではないか」。すなわち、回答を回避しつつ問いを相手に投げ返している、と考えられる。

マタイ二六64のイエスの答えにおける σύ について、セイヤーは、大祭司の問いの中にある σύ（「ないいんじはキリストなりや」）に対応しており、強調があると説明する。(7) これに対してスロールは、右の大祭司の問いの中では「なんじ」にではなく「キリスト」に強調があり、したがって答えにおける σύ にも特に強調は認められない、と反論する。(8)

われわれの考えでは、セイヤー説の弱点は、答えの σύ の対応語を、問いの中の二人称代名詞に求めた点にある。むしろ答えの σύ は、大祭司のことばの中の「われわれに答えよ」の「われわれ」および、代名詞としては特に明示されていないが「私は命ずる」（直説法一人称単数）の「私」に対応しており、その意味で強調ととるべきであろう。とすれば、この答えもやはりユダに対する答えと同じようなニュアンスをもって、相手のことば――威嚇的命令を伴った問い――を相手に返している、とみなすことができるであろう。同じことが、並行箇所であるルカ二二67―70にもあてはまる。

ピラトの前におけるイエスの答えの場合はどうであろうか。ここでは前二例のように、問いの中に

答えの σύ に対応する語が見当たらない。[9] しかしもちろん、問いに対応語がないからこの σύ には強調はない、などということにはならない。一般的原則に従ってこの σύ に強調があるとすれば、[10]「私ではなく、あなたがそう言っているのだ」とでも言うことになろう。すでに他の箇所についてなされた文法的検討の成果は、σὺ λέγεις をも同じように解釈する可能性を強く示唆している。

(三) ヨハネ一八37、ルカ二二70の〝ホティ〟

ここでヨハネ一八37およびルカ二二70に現れる ὅτι に関する、セイヤーの興味深い指摘を紹介しよう。[11] もしも σὺ λέγεις が肯定の答えであるとするならば、ヨハネ一八37の σὺ λέγεις ὅτι βασιλεύς εἰμι の ὅτι の解釈が問題になる。ὅτι には大きく二つの用法がある。名詞節を導く接続詞と、原因・理由を示す副詞節を導く接続詞としての用法である。もしも σὺ λέγεις がそれだけで肯定ならば、この ὅτι 以下を名詞節ととることは意味をなさない。無理に英訳すれば "You say: I am, that I am a king." とでも言うことになるであろう。かと言って ὅτι 以下を原因・理由の副詞節ととったとしても、「私は王なのだから、そのとおりである」とでも言うことになって、同語反復以外の何物でもないことになる。[12] セイヤーは、以上の観察および σύ に強調が認められる、と言う理由から、σὺ λέγεις および σὺ λέγεις ὅτι βασιλεύς εἰμι を「回答回避」non-committal と判断する（その場合 ὅτι は名詞節を導く接続詞ということになる）。もちろん同じことがルカ二二70にもあてはまる。

以上のセイヤーの文法的判断は、σὺ λέγεις も σὺ λέγεις ὅτι … も共に肯定の答えであることを明瞭に示し得るような証拠が出てこないかぎり、尊重されるべきであろう。たとえばグッドスピードの訳 "I am, as you say." (ルカ二二70)、"As you say, I am a king." (ヨハネ一八37) ——口語訳聖書もほぼこれと同じ——は、彼が ὑμεῖς λέγετε や σὺ λέγεις (you say) にではなくて ἐγώ εἰμι (I am) や βασιλεύς εἰμι (I am a king) に肯定としての意味 (力) を認めていることを示しており、ὅτι を真剣にとらえようとしていないことを示している。[13]

以上で第一章の文法的検討を終わることにする。第二章においても、必要に応じて文法的な問題が検討されるであろう。第一章では、文法的判断に基づいて、問題の表現の解釈の可能性が示唆された。第二章では、個々のテキストの解釈を通して、その妥当性が検証されるであろう。

註

（1）Edgar J. Goodspeed, *Problems of New Testament Translation* (Chicago, 1945), pp. 64–68.　M. Thrall, *Greek Particles in the New Testament* (Leiden: Brill, 1962), pp. 75f. からの引用。

（2）Kühner-Gerth, *Ausführliche Grammatik der griechischen Sprache*, Teil II Satzlehre, Band 2, 3. Aufl. (Hannover und Leipzig, 1904. Nachdruck, Darmstadt: Wissenschaftiche Buchgesellschaft, 1966), S. 539 参照。さらにスロール前掲書七六頁をも参照。

（3）キューナー＝ゲルト前掲書五三九―五四一頁、および H. W. Smyth, *Greek Grammar* (Cambridge: Harvard University Press, 1966), p. 606 (§2680) 参照。

（4）たとえばプラトンの ἦν δ' ἐγώ, ἔφην ἐγώ, ὡς σὺ φῄς などが挙げられる。J. H. Moulton, *A Grammar of New Testament Greek*, Vol. I, *Prolegomena* (Edinburgh: T. & T. Clark, 1906, 1908^3, repr. 1957), p. 85 参照。

（5）N. Turner, *A Grammar of New Testament Greek*, Vol. III, *Syntax* (Edinburgh: T. & T. Clark, 1963), p. 37 参照。

（6）J. H. Moulton 前掲書八六頁、Blass-Debrunner-Rehkopf, *Grammatik des neutestamentlichen Griechisch*, 14. Aufl. (Göttingen: Vandenhoeck & Ruprecht, 1976), S. 228 (§277) 参照。

（7）J. H. Thayer, Σὺ εἶπας, Σὺ λέγεις, in the Answers of Jesus, *JBL* 13 (1894), p. 42.

（8）スロール前掲書七五頁。彼女は、もしも大祭司のことばが ἐξορκίζω σε … ἵνα〔σὺ〕ἡμῖν εἴπῃς … と、テキストにない〔 〕内の σύ を補った形になっていれば、これに対応して答えの σύ にも強調の意味が出てくる、としているが、これは次に述べるようなセイヤー説の弱点を共有しているように思われる。

（9）セイヤーはここでも、ピラトの問いにおける σύ（「汝は王なりや」の「汝」）を答えの σύ の対応語として持ち出すが、この説の弱点は、先に述べた通りである。

（10）ターナー前掲書三七頁は、σύ に強調があるとして、"you have said it, not me." と訳す。Blass-Debrunner, *Grammatik des neutestamentlichen Griechisch*, 9. Aufl. (Göttingen: Vandenhoeck & Ruprecht, 1954), S. 174 (§277), S.

274（§441. 3）も、οὐ に強調があるとして、„du selbst …“ あるいは „du sagst es selbst, nicht ich.“ と訳す。ただしブラス＝デブルンナーは、この句（および οὐ εἶπας）を、問われたために仕方なしになされた肯定の答え、ととっている。οὐ λέγεις（εἶπας）は全体として肯定ととりたいし、しかも文法学者としては οὐ の強調も考慮せざるを得ない、という、折衷的な解釈である。

ところで註6ではブラス＝デブルンナーの文法書を一四版で引用しながら、今回は旧い版で引用したのは、両版で内容に相異があるためである。この文法書は一四版がレーコプ（F. Rehkopf）によって大幅に改訂されることによって、面目を一新したかの如くに見える。一四版の扉には völlig neubearbeitete und erweiterte Auflage（全面改訂増補新版）とうたっている。確かに全面的に「活字と活字の組み方」を変えることによって、レイアウトがスッキリし、読みやすくはなっている。ところが、筆者が拾い読みしたかぎりでは、内容はほとんど旧版をそのまま踏襲したものであり、新鮮味は感じられないのである。しかもそれだけではない。右に挙げた二つの箇所（§277, §441. 3）において、レーコプは「肯定論」のみを主張して、οὐ に強調があるとする旧版の説明を、§277では省略し、§441. 3では（「単純肯定論者」ブルトマンを引き合いに出して！）わざわざ否定しているのである。確かにこのほうが「スッキリ」とはしている。しかし旧版の著者のほうが文法家としては誠実であったように思われるのである。註12参照。

（11）　セイヤー前掲論文四二頁。

（12）　“You say: I am, because I am a king.” となる。ブラス＝デブルンナー前掲書（註10）二七四頁（§441. 3）はこの ὅτι を原因・理由節を導く接続詞ととっている。οὐ λέγεις を肯定ととった必然的帰結である。この点セイヤーの指摘は正しい。註10でふれた点も、この点も、ブラス＝デブルンナーが一方で文法的判断とは別の動機から肯定論をとり、他方では文法家として誠実に事態に対処しようする結果、無理な説明が出てくるのであろう。なお註10の場合と同様、ここでもレーコプは、ὅτι を原因・理由の接続詞と説明する部分を全部省略することによって、スッキリさせ、問題そのものを回避してしまっている。

（13）　スロール前掲書七六頁参照。グッドスピードの訳はスロールの引用。

第二章　テキストの解釈

(一)　マタイ二六25

われわれはまず、マタイ二六25から考察を始めることにしよう。マタイ二六21—24はマルコ一四18—21に並行しつつ、イエスと弟子たちの最後の晩餐の中の一場面を伝えている。ここでイエスは、自分を裏切る者が食卓を共にしている十二弟子の中にいることを弟子たちに告げる。ルカ二二21、22はこの場面を圧縮した形で伝えている。マタイ二六25は、このマルコとの並行の終わった後の、マタイにのみ独自な一節である。

キャッチポールは、マタイ二六25の σὺ εἶπας を肯定の答えと解している。その論拠は以下のごとくである。①もしもこれが肯定の答えではなく、答えを回避しているのであるならば——つまりユダこそが裏切り者であることがイエスの口から明示されているのでないならば——マタイは何もわざわざ25節を加える必要はなかったはずである。②ユダが裏切り者であることは、マタイ二六14—16と二六25ａで明瞭に示されている。③マタイの受難物語には、イエスの予知の実現という面がある。二六2（マルコ一四1と比較せよ）、一六21、一七22、23、二〇18、19参照。二六25もこれら一連の受難予告の一つである。④セイヤーは σὺ εἶπας における σὺ は強調であり、この答えは単純な肯定にはならない、とするが、ユダの問いの中にある μήτι（まさか……ではないでしょうね）の存在が、このような解釈をはばんでいる。[1]

　このキャッチポールの論拠を一つずつ検討してみることにしよう。まず①σὺ εἶπας が肯定でなければマタイはわざわざこの一節を加えるはずがない、などという議論は、自分の結論をはじめから一方的に主張しているだけのことで、何ら論拠にはなっていない。マタイがどういう意味でこの一節を加えたかは、σὺ εἶπας の意味を慎重に検討した上で、最後に考慮されるべき事柄である。

　②マタイ二六14―16と二六25ａ（「イエスを裏切ろうとしていたユダ」という表現）は、ユダの裏切りについて福音書記者が読者に明言した箇所であり、イエス自身が弟子たちの面前でユダの裏切りを明言する、ということとは、全く別の事柄である。

　③でキャッチポールの挙げる箇所は、すべてイエスの受難と復活をイエス自身が予告した記事である。この場合もやはり、一般的な受難予告とユダの裏切りを予言することは、全く性質の違う事柄である、というべきであろう。

　④最後に、μήτι があるから σὺ を強調ととることができない、などという「文法」は、文法書の中にも、古代ギリシア語文献の中にも、支持を見出し得ないであろう。

　キャッチポールに対する反論は以上である。

　スミスは、もしもここでイエスがユダの裏切りを弟子たちの前に明瞭に予言したならば、裏切りは行なわれ得なかったであろう、として、σὺ εἶπας を「あいまいな」（ambiguous）答えと解している。[2]

スロールは、このスミス説に対する反論として、①史実主義――マタイ二六21―25をそのまま史実ととる立場――の誤り、②マタイがマルコ以外にユダとイエスの対話に関する真正な伝承を持っていたとは考えにくいこと、③ヨハネ一三23―30でも、イエスはユダの裏切りを弟子たちの前に明らかにしていること、を挙げている。(3)

これに対して、われわれは①マタイ二六21―25をそのまま史実とする史実主義の立場が成り立ち得ないことを認めるにやぶさかでないが、(4)むしろ問題は、史実であったのかなかったのかということではなくて、福音書の中の一場面として、筋の通った、理解し得るものであるかどうかということである。すなわち、ここで弟子たちの前にユダの裏切りが暴露されて、そのままに終わってしまう、などという場面が、想像できるものであろうか。（スミスもおそらくこのことを言おうとしているのであろう）。――もっとも25節のみはユダとイエスのひそひそ話で、他の十一人には聞こえなかったとマタイは理解している、とすれば一応の説明にはなるが、この説明のほうがよほど無理（不自然）であると思う。

②については、いずれにせよ（スロール説を受け容れる場合でも、これに反論する場合でも）証明などすることは不可能であるが、σὺ εἶπας および σὺ λέγεις（および類似の表現）が、すでに見てきた通り、受難物語の中のきわめて限られた場面でのみ伝えられていることは、人々に強い印象を与えたことばとして――それはおそらくふしぎなことばであったゆえに強い印象を与えたのであろうと思われる――伝えられていた可能性を示唆しているように思われる。ただしマタイ二六25のみは、審問の場面ではない、という意味において孤立しており、他の箇所と同列に論ずることはできないかもし

れない。いずれにせよ、②はさしあたりわれわれの議論の中では決定的なものではない。

③については、ヨハネ一三21―30をよく読めば、われわれが右の①において指摘したまさにあの困難性――イエスが裏切り者を名指しで公言してそのまま何事もなく場面が進行していくのはおかしいという点――をヨハネ自身が感じていたことは明らかである。すなわち、ヨハネ一三26、27で、ユダが裏切り者であることが弟子たちの前ではっきりと示されるのだが、ヨハネは28、29節で、弟子たちにはその意味が判らなかった（完全に誤解した者もある）、という解説を加えざるを得なかったのである。したがってヨハネ一三23―30は、むしろ逆に、マタイ二六25の σὺ εἶπας が肯定ではない、ということを示す証拠となるであろう。

以上によって、イエスの答えは肯定ではない、というのがわれわれの結論である。以上のテキストの解釈は、イエスの答えは、回答を回避しつつ問いを相手に投げ返しているものである、とする一三五頁で示した文法的判断と矛盾しない。

(二)　マタイ二六64、ルカ二二70、マルコ一四62

次に、マタイ二六64の検討に移ることにしよう。

まずこの箇所に関するスロールの説[5]の検討から始めたいと思う。

彼女は σὺ εἶπας そのものの意味を直接尋ねる道を断念して、これにすぐ続いて現れる πλήν に着目する。この語はふつう「しかし」という意味を持つことばであるが、もしもこの πλήν を progressive

ないしは asseverative （「さらに」「確かに」「そうだ」とでもいった意味）にとることができれば、πλήν に続く、人の子の栄光に関する発言は、直前の σὺ εἶπας を強めたものということになるので、σὺ εἶπας は当然、明瞭な肯定の答え（straightforward affirmative）ということになる。

逆に πλήν を「しかし」という adversative（反接）の意味にとると、σὺ εἶπας を肯定ととることが困難になり、何故マルコ一四62の明瞭な肯定の答え（ἐγώ εἰμι）をマタイが改変したのか、ということを説明しなければならなくなる。

以上のような前提に立って、スロールは、新約聖書の中に、ことにマタイ福音書の中に、πλήν を progressive ないしは asseverative に用いている用例のあることを指摘する。この指摘に関しては、われわれもスロールの正当性を認めるのにやぶさかではない。問題はその次である。すなわち、彼女は、マタイ二六64の πλήν もこのような πλήν の用例の一つであるとし、そこからさかのぼって、σὺ εἶπας の意味を「明瞭な肯定」（straightforward affirmative）と結論するのである。

以上のようなスロールの立論そのものがきわめて説得力に乏しいものであることは明らかである。すなわち、マタイ二六64の πλήν を彼女の言うように解する必然性はどこにもないわけで、そうとったほうが σὺ εἶπας を肯定ととることができて都合がよいから、というのでは、σὺ εἶπας が肯定であることを明らかにしようとする証明としては成り立たない。つまりこの πλήν が progressive, asseverative であることを、σὺ εἶπας 以外の根拠から立証しなければならないのである。それができない以上一般的な用法に従って πλήν を adversative にとるほうがよい。とすれば σὺ εἶπας は肯定でない可能性のほうが高いことになる。(6)

さてスロール自身、自説の弱点に気付いているらしく、自説に対する反論に再反論している中で、次のようなことを言っている。σὺ λέγεις や ὑμεῖς λέγετε は、セイヤーの言う通り、あいまい（ambiguous）な答えである。しかし σὺ εἶπας はアオリスト形なので、σὺ λέγεις にない「明確さ」（definiteness）を有しており、“You have（this minute）made the decisive statement.” → “You are right.” つまり肯定の答えになる、というのである。しかしこのようなアオリストと現在の時称的相異の主張は、少なくともギリシア語文法に関するかぎり、全く根拠のないものである。スロールも、彼女の主張するような時称的相異を示している例文を一つも挙げていない。さらに、ギリシア語伝承の背後にアラム語（ないしはヘブル語）伝承が想定されるとするならば、なおさらこのような時称論は意味のないものとなるであろう。なおセム語伝承の問題については後でふれることにしたい。

以上でスロール説の批判的検討を終わり、同じ箇所について「肯定」説を強く主張しているキャッチポールに耳を傾けてみたいと思う。彼の長文の論文[7]は、つきつめると次の点に中心点がある。すなわち、このイエスの答えを「肯定」ととらないということは、イエスが大祭司の前で自らのメシア性をあいまいにしたことになり、「キリスト論の低下」（a lowering of Christology）を意味する。しかし、イエスのメシア性をあれほど強く主張しているマタイが（彼はこの点の論証に最大のウェイトを置いている）、ここでわざわざマルコ福音書のことばに手を加えて、「キリスト論の格下げ」を行なうはずがない。したがってイエスの答えは肯定でなければならない。

慧眼な読者は、すでにこの議論の弱点に気付かれたことと思う。われわれの問題は、マタイがイエスのメシア性をどうとらえていたかということとはさしあたり別問題であり、イエスが大祭司に何と答えた（とマタイが記しているの）か、という問題である。それにキャッチポールの言うように、はっきりとした肯定だとしたいならば、マタイは資料として用いたマルコ一四62のまちがいようのない肯定の答えἐγώ εἰμι をそのまま伝えればよかったはずである。

以上でわれわれは、マタイ二六64のσὺ εἶπας を肯定ととる説の弱点を指摘した。そしてこれは肯定の表現ではない、ということを示唆した。さらにここでマタイとルカの並行箇所を比較してみることが有益であろう。

右にもふれたように、マタイとルカが資料として用いたマルコは、一四62でἐγώ εἰμι という答えを伝えている。これは「わたしが（それで）ある」という意味であり、明瞭に肯定の答えである。これをマタイはσὺ εἶπας と変えているのである。ルカも同様にὑμεῖς λέγετε ὅτι ἐγώ εἰμι と変えている。しかもルカ二二67、68では、「キリストならはっきりそう言え」という大祭司の命令に対して、イエスは明瞭に返答を拒否し、その理由を述べているのである。とすればすぐ後のルカ二二70のイエスの答えを、肯定の答えとするのはおかしいことになる。このようなルカの理解は明らかにマルコ一四62とは相異している。マタイ二六64はこのルカの理解と一致している可能性が高い。とするとマタイとルカの背後にはマルコ以外の伝承の存在が予想される。

クルマンはマタイ二六64のσὺ εἶπας の背後にアラム語 אֲמַרְתָּ（ʾāmartā）を想定し、このアラム語は「単純な肯定ではなく、むしろ問いに直接答えるのを避ける」答え方である、という。このʾāmartā については、セム語学者の間でも解釈をめぐって議論が分かれており、クルマンのように、なんの根拠も示さずにこのように断定するのは、説得力がない（このアラム語については第四章で検討する）。そしてマタイ二六64の並行箇所としてルカ二二70ではなくて二二67―69を挙げ、（大祭司の問いに、イエスが直接答えることを避け、人の子に関する発言が続く、という点において、マタイとルカは並行している）、両者は、イエスが大祭司の問いに直接的に答えることを拒んだ、という信憑性の高い証言を保存している可能性を指摘している[8]（歴史的信憑性の問題はさしあたりわれわれの議論の範囲外である）。

σὺ εἶπας が肯定ではない証拠として、われわれはマタイ二七17をあげることができるであろう。すなわちそこでは、ピラトの口を通してイエスが「キリストと言われている」と説明されている。並行箇所であるマルコ一五9の「ユダヤ人の王」と比較して考えると、ここには、イエスは大祭司の前で肯定の答えをしていないとするマタイの考えが反映していると見ることができるであろう。

さて、ここでわれわれは、マルコ一四62の本文批評の問題に、短くふれたいと思う。ネストレの *Novum Testamentum Graece* も、アラント他の *Greek New Testament*（United Bible Societies）も、共にマルコ一四62のイエスの答えとして ἐγώ εἰμι という読みを採用している。ところがこれには σὺ εἶπας ὅτι ἐγώ εἰμι という重要な異読がある。これは主としてカエサレア系写本に伝えられている[9]。もしもこの読みが本文として採用されるならば、共観福音書は大祭司に対する答えにおいても、互いにほぼ同様の表現を伝えていることになる。その場合には、マルコの伝える明瞭な肯定を、なぜマタイがわざわざあいまいな表現に直したのか、という問題そのものがなくなってしまうのである。

この本文批評の問題は次のようにまとめられる。もしもカエサレア系の読みが元来のマルコのテキストであったとすると、ἐγώ εἰμι という読みのほうは σὺ εἶπας ὅτι を省いた、ということになる。その場合には、元来の読みの意味があいまいに感じられたので、はっきりとした肯定の答えに直そうとした、という動機が考えられる。この訂正はいかにもありそうでごく自然なように思われる。反対に短い読みのほうが元来のテキストであったとした場合には、カエサレア系写本は、σὺ εἶπας ὅτι を書き加えたことになる。元来の明瞭な肯定をわざわざあいまいな形に訂正するのは不自然なように感ずる。

スロールは、この書き加えの動機は、マタイの本文に合わせようとした、ということだと理解する。彼女は、受難物語中の少なくとも一〇箇所において、マルコ一四62で長い読みをとっている写本の中の二つ以上が、マタイの本文に合わせてマルコの本文を改訂している、として、その例を一〇箇所だけ挙げている。[10] マルコ一四62でも同じ操作が加えられた、というわけである。とすれば長い読みは二次的（後代の改変）として退けられることになる。

これに対してターナーは、一四62で短い読みをとっている写本にさからって、一四62で長い読みをとる写本の中の二つ以上がマタイの本文と相異する読みを提供している例を、受難物語の中から一五箇所挙げて反論している。[11]

筆者はスロールとターナーの挙げている箇所を検討してみたが、結局いずれが優位かを判定することはできなかった。[12] もっとも、カエサレア系の読みの方がオリジナルである（ないし限りなくそれに近い）可能性あるいは蓋然性が高いように思われる。そこで、さしあたりマルコ一四62の本文批評は未解決のまま残して、第三節へ進むことにしたい。

㈢　マルコ一五2、マタイ二七11、ルカ二三3、ヨハネ一八33以下

われわれは、ピラトに対するイエスの答え σὺ λέγεις および σὺ λέγεις ὅτι βασιλεύς εἰμι の検討に移ることにしよう。

まず第一に四つの福音書を通じて明らかに認められることは、「汝はユダヤ人の王なりや」とのピラトの問いにイエスが σὺ λέγεις (ὅτι βασιλεύς εἰμι) と答えた後に、ピラトが有罪の判決を下した、とは記されていないことである。ヨハネ一九12やルカ二三2が明らかに示している通り、自らをユダヤ人の王とすることはローマに対する反逆罪を構成するものと解せられていたはずである。とするならば、ここではピラトがイエスに有罪判決を下すことなく、ルカとヨハネに至ってはピラトをして無罪の確認をせしめている（ルカ二三4、14、22、ヨハネ一八39、一九4、6）ということは、σὺ λέγεις が肯定の答えではなかったことを強く示唆しているものと言うべきであろう。

さて次に各福音書の検討に移ることにしよう。まずマルコから。キャッチポールは、マルコ一五9、12で、ピラトがイエスを「ユダヤ人の王」と呼んでいることを論拠にして、σὺ λέγεις は肯定の答えだ、と主張する。[13] しかしマルコ一五12には「お前たち（ユダヤ人）がユダヤ人の王と言っている者」と記されているのであり、これこそまさにキャッチポールの説の弱点を示す証拠である。一五9の「ユダヤ人の王」も、12節と同じ意味に解すべきであろう。

マタイはこの点さらに徹底している。すなわち彼は、右にあげたマルコの二箇所を、いずれも「キリストと言われているイエス」と変えている（二七17、22）。ここには、イエスの答えを肯定ととっていないマタイの理解が反映していると見て差支えないであろう。ルカに至っては、マルコ一五12の「お前たちがユダヤ人の王と言っている者」を、二三20で「イエス」と変えてしまい、マルコ一五9は無視している。

最後にヨハネを検討しよう。ここでも、二節のマタイ二六64の検討の中で、キャッチポール説に対する反論で述べたところと同じように、ヨハネの受難物語の中でイエスが王として描かれている、という事実とは、別の問題として取り扱うことが必要である。[14] まず第一に一八33のピラトの問い、「汝はユダヤ人の王なりや」に対して、34節でイエスが正面から答えようとはしていないことに注目すべきである。33節以下の文脈の中で考えれば、37節の σὺ λέγεις ὅτι βασιλεύς εἰμι も、34節の答えとほぼ同じような意味をこめて言われたものと考えられる。37節のピラトの問いそのものがイエスのことばじりをとらえたものであり、このような誤解と偏見に満ちた問いに対しては、正面から答えようとしなかった、と考えるほうが自然であろう。

さらに、σὺ λέγεις … に続く、「私は真理について証言するために生まれ、この世に来たのだ」ということばは、「（私の関心はそんなところにあるのではないのだ。そうではなくて）私は真理について……」という気持ちで続けられているのであり、[15] イエスの答えが肯定ではないことを示唆している。

以上でこの項の検討を終わることにする。以上の検討の結果もまた、われわれの文法的判断に基づく解釈と、一致している。

㈣　ウエストコット・アンド・ホートの校訂

最後にわれわれは、問題の箇所に対してウエストコット・アンド・ホートの提案している興味深い読みを紹介したい。ウエストコット・アンド・ホートは、その校訂本[16]の欄外注において、マタイ二六25以外のすべてのわれわれの箇所について、それらを疑問文と読むことを提案している。ギリシア語聖書写本は初期のものはほとんど（全く）句読点をつけておらず、句読点をつけるようになったのは六、七世紀以後であり、疑問符は九世紀以前にはほとんど（全く）認められないのである。[17] ギリシア語では疑問文と平叙文の間に語の配列上の区別はなく、文末にピリオドを置くか、疑問符（英語のセミコロンと同じ記号）を置くか、によってのみ区別される。したがって句読点の打ち方については解釈の余地が大きいのである。さて、そこで、ウエストコット・アンド・ホートに従って疑問文に解すれば、問題の箇所は次のようになる。

① σὺ λέγεις;　あなたはそう言うのですか。
② σὺ λέγεις ὅτι βασιλεύς εἰμι;　あなたは私が王だと言うのですか。
③ ὑμεῖς λέγετε ὅτι ἐγώ εἰμι;　あなたがたは私がそうだと言うのですか。
④ σὺ εἶπας;　あなたはそう言ったのですか。

この「疑問文」説は、本章の各節でわれわれが確認した結論、すなわち、これらの答えは肯定ではない、という結論にみごとに合致している。セイヤーはこの「疑問文」説を高く評価している。[18] われわれは、イエスの答えは、回答を回避し、問いを相手に返している、という解釈を示唆して来たのだが、この「疑問文」説は、同じ解釈を形式的に——つまりイエスの答えを疑問文ととるという仕方で——述べたものと言うことになる。

註

（1）キャッチポール前掲論文（序註3）二一六―七頁。
（2）Morton Smith, Notes on Goodspeed's "Problems of New Testament Translation", *JBL* 64（1945）, pp. 501–514 の中の五〇八頁。
（3）スロール前掲書七七頁。彼女自身は肯定論者である。彼女の説については次節でふれることにする。
（4）もっともスミスがこのような素朴な史実主義に立っていたかどうかは、はっきりしない。念のため彼の簡潔な文章をそのまま引用する。"Similarly these words in Jesus' answer to Judas are ambiguous, for if Jesus had told Judas plainly that he knew he was about to betray him, the betrayal would presumably have stopped."
（5）スロール前掲書七〇―七八頁。
（6）セイヤー（前掲論文四五頁）は、πλήν は adversative ("nevertheless") だから、σὺ εἶπας は肯定ではない、と結論する。
（7）序註3で示した論文。
（8）O. Cullmann, *The Christology of the New Testament*, 2nd ed.（London: SCM, 1963）, pp. 118–120. なお村岡崇光氏によれば、「אָמַרְתָּ はヘブル語として "You have said." と解することは勿論できますが、アラム語としてならば Perfect としては不可で（これは אֲמַרְתְּ となるべきです）、唯一の可能性は אַתְּ אָמַר（= participle）が coalesce して אֲמַרְתְּ となったと見ることですが、その場合、母音は אֲמַרְתְּ となるべきです。'attā という代名詞は少なくともイエス時代のアラム語には考えられません。結論としてクルマンのあげる形は、彼はアラム語と言っていますが、実際には――その母音に関する限り――ヘブル語です」（一九七八年三月一五日付私信より引用）。
（9）この読みを伝える写本などは Θ　067　fam 13　471　543　565　700　1071　Geo　Arm　Origenes である。オリゲネスがこの読みを採用していることは、第三章で示す彼の解釈と合わせて、注目すべきである。
（10）スロール前掲書七二頁。

（11）N. Turner, *Grammatical Insights into the New Testament*（Edinburgh: T. & T. Clark, 1965）, p. 74.

（12）B. H. Streeter, *The Four Gospels*（revised ed., London: Macmillan, 1930）, p. 322; V. Taylor, *The Gospel according to St. Mark*（London: Macmillan, 1952）, p. 568; J. A. T. Robinson, *Jesus and his Coming*（New York: Abingdon, 1957）, p. 49, Joel Marcus, *Mark 8–16*（The Anchor Yale Bible, Yale University Press, 2009）, pp. 1001, 1005f は長い方の読みを採用している。

（13）キャッチポール前掲論文二一八頁。

（14）本書一四五頁参照。キャッチポールはこの箇所についても、ヨハネの受難物語の中でイエスがユダヤ人の王として強調されていることを引き合いに出して、同じ論法で肯定論を展開している。

（15）二度出てくる εἰς τοῦτο に明らかに強調があり、マタイ二六63における πλήν と同じような働きをしている。

（16）Westcott and Hort, *The New Testament in the original Greek*（New York: Macmillan, 1928）.

（17）B. M. Metzger, *The Text of the New Testament*（2nd ed., Oxford: Clarendon, 1968）, pp. 26f.

（18）セイヤー前掲論文四三頁。

第三章　古代教会の解釈

第三章では、古代教会において、問題の箇所がどのように理解され解釈されていたのかを、たずねてみることにしたい。引用文の原文は出典と合わせて、すべて註に記すことにする。

まず第一にアレクサンドリア学派の代表的神学者オリゲネス（一八五年頃―二五四年頃）の解釈を、その『マタイ福音書註解』によって確かめる。オリゲネスは『ヘクサプラ（六欄聖書）』を編集したことからも明らかなように、自らの母語であるギリシア語のみならず、セム語にもきわめて堪能な文献学者であり、その説明はわれわれにとって重要な意味を持つであろう。彼はマタイ二六25のイエスの答えについて、次のように記している。

そしてイエスは彼（ユダ）に「汝言えり」と言った。それは彼が疑問を抱いている者のごとくに――良心に従って疑問を感じていたわけではなく、疑っているようなふりをしていたに過ぎないのであるが――「ラビよ、まさか私ではないでしょうね」と言ったので、彼自身の口（から出たことば）によって彼を裁くためであった。(1)

さらに詳しい、そして明瞭な説明が、二六64のイエスのことばに対する註釈の中に認められる。

> 自分自身の意志に反して誓うよう命ずる者の強制力に屈したかのごとくに、大祭司の宣誓命令に対して応答するなどということは、われらの主にふさわしい行為ではなかった。それゆえ、彼は自分自身が神の子キリストであることを否定もせず、かといって明白に言いあらわす（承認する）こともなかったのである。むしろ、宣誓（して答えること）を命じている証人その人を受け容れるかのごとくに――何故ならば、彼（イエス）こそが大祭司の問いの中で言及されている神の子キリストなのだから――「汝言えり」と答えたのである。[2]

オリゲネスはさらに次のように言っている。

> かの大祭司はキリストの教えを受けるにふさわしい者ではなかったので、（キリストは）彼に教えをたれることもなく、「私がそうだ（汝の言う通りである）」と答えることもなかった。むしろ相手（大祭司）の口から出たことばを（ひとまず）受け容れ、「汝言えり」と言うことによって、そのことばを返して彼への論駁としたのである。それはこのようにして大祭司が教えを受けたのではなく、とがめを受けた、と見られるためである。[3]

イエスは大祭司の問いに対して肯定も否定もせず、むしろその問いを質問者に返し、そのような問いを発した者をとがめている、というのである。マタイ二六64をこのように理解しているオリゲネスが、マルコ一四62において σὺ εἶπας ὅτι ἐγώ εἰμι という読みを採用していることは、注目すべきである（第二章註9参照）。

次に、ヒエロニュムス（三四五年頃―四二〇年頃）の説明を聞くことにしよう。ウルガタの訳編者として有名なこの聖書学者が、ギリシア語とセム語に通じていたことは、周知の通りである。以下はその著『マタイ福音書註解』からの引用である。二六25について、彼は次のような註釈を加えている。

裏切り者（ユダ）は、後でピラトに対して与えられるのと同じ答えをもってとどめをさされたのである。(4)

マタイ二六64については次のように言う。

ピラトに対しても、カヤパに対しても、同じような答えが与えられた。それは自らのことばによって彼らが断罪されるためである。(5)

ユダとカヤパに対するイエスの答えは、ピラトに対する答えと同じであると言う。それではイエスはピラトにどのように答えたのであろうか。ヒエロニュムスは二七11を次のように註釈する。

イエスは彼に言った。「汝言う」。彼がこのように答えたのは、本当のことを言いながら、同時にことばじりをとらえられて讒訴《ざんそ》に口実を与えることのないためであった。さらに、気がすすまないままに判決を下したピラトには、（明瞭にではないまでも）いくらかは答えたのであるが、祭司たちや長老たちには、彼らが彼の教え（を受ける）にふさわしい者ではないと判断して、答えようとしなかった、という事実に注目すべきである。(6)

次に『使徒戒規』*Didascalia Apostolorum* に目を移してみよう。これは三世紀初期に北シリアでまとめられた教会規則集で、四世紀に編集された『使徒教憲』*Constitutiones Apostolorum* の最初の六巻の主な資料となっている。ここでも『使徒教憲』第五巻から引用する。イエスのユダに対する答えを説明した文章である。

主は「はい（そうです）」と言ったのではなく、「汝言えり」と言ったのである。(7)

イエスの答えが「肯定」ではないことが、示されている。

次に、五ないし六世紀のアンティオキアの長老ウィクトルの編纂した「マルコ福音書のカテナ(8)」から、マルコ一五2のイエスの答えに対する註釈を引用する。

「汝言う」。さて、彼は、完全に沈黙し通すことによって人々の讒訴を肯定確認したように受けとられることのないようにと、このように答えたのである。それはまた、訴え出されている罪状の明白な否定あるいは拒否によって、(ピラトが)何らかの恐怖心(不安)を抱くことのないためでもあった。(9)

次に同じく古代教会のカテナから、マルコ一五2に対する註釈を引用する。著者および年代は不明であるが、註8に説明したところからも明らかなように、内容的には編纂の時代よりも古い証言を伝えていることが予想される。

沈黙していることによって彼らの讒訴が正当なものであることを確証することもなく、かといって、臆病な気持ちから否認することによって、栄光を放棄することもないためである。(10)

次に九世紀のラドベルトゥスの、マタイ福音書二六64に対する註解を紹介する。

「汝言えり」。(彼がこう言ったのは)自分が神の子であることを否定したように思われないためであり、うそをつくことのないためである。彼はまた、自分がそうであることをはっきりことばに言い表わしたくなかった。それはことばじりをとらえられないためである。そういうわけで、彼（大祭司）に対しても、ピラトに対するのと同様の答えがなされたのである。(11)

最後にわれわれはビザンティンの聖書学者テオフュラクトス（一〇五〇／六〇年頃―一一二五年以降）の聖書註解書から、関連章句を引用する。まず『マタイ福音書註解』*Enarratio in Evangelium Matthaei* から二六64に対する註釈を引用する。

大祭司は彼を瀆神罪におとしめようとして、質問を発しているのである。つまり、もしも（イエスが）「私が神の子である」と言ったならば、（イエスは）瀆神者として断罪されるであろうし、また、もしも否定し（て「私はそうではない」と言っ）たならば、（大祭司は）彼を偽証者とすることであろう。これが大祭司の目論見であった。しかるに主は「知者たちをその悪だくみにおいてとらえ」、「汝言えり」と答えている。これは「私が神の子であることは、汝の口が告白している」という意味なのである。(12)

さらにマタイ二七11については、次のように言っている。

イエスは彼（ピラト）に「汝言う」と言った。これは最も賢明な答えであった。すなわち、彼は、「そうではない」とも、また「その通りだ」とも言わないで、何となくあいまいに（肯定も否定もしないで）「汝言う」と言ったのである。このことばは、「私は汝の言う通りの者である」とも解し得るし、また「私はそのことを言わないが、汝が言っている」とも解し得るのである。（イエスは）これ以外には一言も答えなかった。裁判が正当な仕方で進められないことを知っていたからである。(13)

次にマルコ一五2については、マタイ二七11の解説の場合と同じようなことばで、次のように説明する（*Enarratio in Evangelium Marci*）。

ピラトが「汝はユダヤ人の王なりや」と尋ねたのに対して、主はあいまいな答えをしている。すなわち、「汝言う」は「汝の言う通りである。私が誰であるかは、汝が言った」とも解し得るし、また「私はそのことを言わないが、汝が言っている」とも解し得るのである。(14)

さらに、ルカ二二70について、次のように記している（*Enarratio in Evangelium Luci*）。

彼（イエス）はなんとなくあいまいに（肯定も否定もせず）、また皮肉をこめて、「私がそうだということは、汝らが言っている」と答えている。(15)

以上の古代からビザンティン時代へかけての教会の証言は、われわれの第一章、第二章における解釈の試みが、決してひとりよがりなものではないことを示している。イエスのことばは、はっきりとした「肯定」でも「否定」でもなく「あいまいな」、ことばじりをとらえられないような答えである、とする点で、右にあげた註解者たちは一致している。また、オリゲネス、ヒエロニュムス、テオフュラクトスは、イエスの答えが問いを質問者自身に返すものであることを適確に指摘している。少なくとも、われわれが、この小論において、新奇な（ましてや珍奇な）解釈を打ち出そうとしているのではないことは、おわかりいただけたものと思う。

ところでこのような最古からの註解者たちの証言にもかかわらず、近代以降においてイエスの答えを肯定とする解釈が圧倒的になったのはなぜであろうか。またそのような解釈は、いつごろから勢力を持つに至ったのであろうか。セイヤーは先にふれた論文において、彼の時代の註解者の圧倒的多数が肯定説をとっていること、十六世紀から十七世紀前半にかけての註解者たちの間では、肯定説が優勢であったこと、を指摘し、暗にこのころから肯定説が勢力を得始めたことをほのめかしている。解釈の歴史的変遷をたどることは、日本語訳聖書におけるこの箇所の翻訳の歴史とその由来の問題と共に、きわめて興味深い問題ではあるが、この小論の範囲を超えるので、他の機会に譲ることにしたい。

註

（1）オリゲネスの原典はギリシア語だが、問題の箇所についての言及を含む部分は、ラテン語訳でのみ伝えられている。この文のラテン語原文は次の通り。"*Et dixit ei Jesus: Tu dixisti*, ut ex ore ipsius judicaret eum: quoniam ille quasi dubitans dixerat: *Nunquid ego sum, Rabbi?* non quidem secundum conscientiam dubitans, sed fingens se de hoc dubitare."　出典は Migne, *Patrologia*, ser. graeca, xiii, 1733B.

（2）同書、1757D. "Tamen non decebat Dominum nostrum ad adjurationem principis sacerdotum respondere, quasi vim passum ab adjurante contra propriam voluntatem. Propter quod nec negavit se Christum Filium Dei esse, nec manifeste confessus est; sed quasi ipsum testem accipiens adjurantem, quoniam ipse est qui in interrogatione sacerdotis pronuntiatus est Christus Filius Dei, dicens: *Tu dixisti*."

（3）同書、1758B. "Nam quia non erat dignus princeps ille sacerdotum Christi doctrina, propterea non eum docet, nec dicit *quia ego sum*; sed, verbum oris ejus accipiens, in redargutionem ipsius convertit, dicens *Tu dixisti*, ut eo modo videretur argui non doceri."

なお二七11の註解でオリゲネスは次のように記している。"Quod autem dixit ad principem sacerdotum *Tu dixisti*, dubitationem ejus oblique arguens convincit; et quod ait Pilato *Tu dicis*, sententiam ejus pronuntiantis confirmat."（同書 1770）　この本文の意味は必ずしも明瞭ではない（それはギリシア語原文のラテン語訳という性格にもよるであろう）。しかしこの文を含む段落全体を読めば、オリゲネスの言わんとするところは明瞭である。イエスは大祭司の「疑い（dubitatio）」を批難し、ピラトの「敬意（reverentia）」を評価した。「もしも汝が神の子キリストならば（そう）言うがよい」との大祭司のことばに対してはその疑い（もしも……ならば）に対する非難をこめて tu dixisti（= σὺ εἶπας）と答え、イエスを尊敬してイエスこそユダヤ人の王（たるべき人物）にちがいないと思いつつ発せられたピラトの問い——そのことはピラトがイエスの十字架上の捨て札に「ユダヤ人の王」と書くことを許したことからも明らかである、とオリゲネスは言う——に対しては、tu dicis（=

οὐ λέγεις）と肯定的に答えたのである。このようなオリゲネスの解釈は、少なくとも言語学的なテキストの解釈とはほど遠いものである。まず第一に、大祭司のことばには「疑い」があるが、ピラトの問いには「敬意」がある、などという解釈には、テキストの支持は見出されないであろう。さらにギリシア語本文の εἰ（＝if）は「もしも……ならば」の意味ではなく、「……か否か」の意味（間接疑問文を導く接続詞）である。この点でオリゲネス（あるいは正確にはこのラテン語テキスト）は完全にギリシア語の意味を誤解している。さらにピラトが捨て札に「ユダヤ人の王」と書くことを許したことが、彼が（心中秘かに？）イエスこそユダヤ人の王だと考えていたことを示すなどとはとうてい考えられない。このように、このラテン語テキストに現れたかぎりのオリゲネスの解釈は、われわれの philological なアプロウチに対してはなんら関わるところがない。むしろこれは、ユダヤ人をおとしめ、ローマ人を賞賛しようとする意図に基く、全くの読み込みとみるのが適当である。

（4） Hieronymus, *Commentarius in Evangelium secundum Matthaeum*, Migne, *Patrologia*, ser. lat. xxvi, 202C. “Eadem responsione confutatus est proditor, qua Pilato postea responsurus est.”

（5） 同書 210B. “Et adversum Pilatum, et adversum Caipham similis responsio, ut propria sententia condemnentur.”

（6） 同書 213C–214A. “Dixit illi Jesus: Tu dicis. Sic respondit ut et verum diceret, et sermo ejus calumniae non pateret. Et attende quod Pilato, qui invitus promebat sententiam, aliqua ex parte responderit: Sacerdotibus autem et principibus respondere noluerit, indignos suo sermone judicans.”

（7） *Constitutiones Apostolorum* 5, 14, 4 ＝ Franciscus Xaverius Funk, *Didascalia et Constitutiones apostolorum*, 1 (Paderborn: Libraria Ferdinandi Schoeningh, 1905), p. 273. “οὐκ εἶπεν ὁ κύριος, ὅτι „ναί“, ἀλλ᾽ ὅτι „σὺ εἶπας“.” なおバウワー（序註7参照）の εἶπον の項1における一五・一四・四という『使徒教憲』の箇所の指示は、五・一四・四の誤りである（その後の改訂版や改訂英訳版でも訂正されていない。この誤記あるいは誤植のために、筆者は検索に非常に手間どった。他の研究書や論文の中にも、教父著作などの出典箇所に関しては、この他にも誤りがいくつか認められた。本書ではそれらのうち原典にあたりえたものはすべて訂正しておいた）。

（8）「カテナ」catēnaとは「連鎖」の意で、古代教父や教会著作家などの著作からの引用をつないでなされる註釈のこと。ウィクトルは、オリゲネス、アレクサンドリアのキュリロス、クリュソストモスなどのことばを集めて、マルコ福音書のカテナを編纂したと伝えられる。

（9）引用は第一章註7で挙げたセイヤーの論文四七頁による。“*Tu dicis*: usus est autem hoc responsi genere ne per absolutum silentium illorum calumniam confirmare videretur. Tum etiam ne per exquisitam criminum objectorum inficiationem aut depulsionem in timoris cuiuspiam suspicionem forte veniret.”

（10）序註3で挙げたアームシャーの論文一五六頁からの引用。アームシャー自身はJ. A. Cramer, *Catenae Graecorum patrum in Novum Testamentum*, 1, Oxford, 1844, 434から引用している。“Ἵνα μὴ διὰ τῆς σιωπῆς τὴν συκοφαντίαν αὐτῶν βεβαιώσῃ, μήτε διὰ τῆς ἀρνήσεως δειλίας ἀπενέγκῃ τὴν δόξαν.”

（11）引用はセイヤー前掲論文四七頁による。“*Tu dixisti*: ut nec videatur se negare quod erat Dei filius, ne mentiretur; nec vult confiteri se esse in sermone, ne caperetur. Datur ergo ei similis responsio ut Pilato,” etc.

なおラドベルトゥス（Paschasius Radbertus c. 790–c. 860）は、八四四―八五三年、フランスのコービー（アミヤンの近く）の修道院長。ラテンとおそらくギリシアの古典に通じており、『詩篇四四篇註解』『哀歌註解』『主の身体と血について』『処女降誕について』『信仰、希望、愛』等の著作がある。

（12）Migne, *Patrologia*, ser. graeca cxxiii, 456B–C. “Ὁ δὲ ἀρχιερεύς, βουλόμενος ῥῖψαι αὐτὸν εἰς βλασφημίαν, ἐρωτᾷ· ἵνα ἐὰν μὲν εἴπῃ, ὅτι Ἐγώ εἰμι ὁ υἱὸς τοῦ θεοῦ, ὡς βλάσφημος κατακριθῇ, ἐὰν δὲ ἀρνήσηται, ἔχῃ αὐτὸν καθ᾽ ἑαυτοῦ μαρτυρήσαντα. Ἀλλ᾽ ὁ κύριος ὁ δρασσόμενος τοὺς σοφοὺς ἐν τῇ πανουργίᾳ αὐτῶν, ἀποκρίνεται· Σὺ εἶπας, ἀντὶ τοῦ, Τὸ σὸν ὡμολόγησε στόμα, ὅτι ἐγώ εἰμι ὁ υἱὸς τοῦ θεοῦ.”

（13）同書、461C. “Ὁ δὲ Ἰησοῦς ἔφη αὐτῷ· Σὺ λέγεις· ἀπόκρισιν δοὺς αὐτῷ σοφωτάτην· οὔτε γὰρ εἶπεν, ὅτι Οὐκ εἰμί, οὔτε πάλιν, ὅτι Εἰμί. Ἀλλὰ μέσως πως ἔφη· Σὺ λέγεις. Τοῦτο γὰρ δύναται καὶ οὕτω νοηθῆναι, ὅτι Εἰμὶ καθὼς λέγεις· καὶ οὕτως, ὅτι Ἐγὼ μὲν τοῦτο οὐ λέγω, σὺ δὲ λέγεις· ἄλλο μέντοι οὐδὲν ἀπεκρίνατο· ᾔδει γὰρ τὸ κριτήριον μὴ κατὰ λόγον προβαῖνον.”

（14）同書、664C. “Ἐρωτήσαντος δὲ τοῦ Πιλάτου, Σὺ εἶ ὁ βασιλεὺς τῶν Ἰουδαίων; ὁ κύριος ἀμφίβολον ἀπόκρισιν δίδωσι. Τὸ γὰρ, Σὺ λέγεις, δύναται νοηθῆναι, ὅτι Ἀληθῶς εἶπας· σὺ εἶπας ὅπερ εἰμί· δύναται δὲ νοηθῆναι καὶ οὕτως, ὅτι Ἐγὼ οὐ λέγω τοῦτο, σὺ δὲ λέγεις."

（15）同書、1089C. "Ὁ δὲ μέσως πως καὶ εἰρωνικῶς ἀποκρίνεται· Ὑμεῖς τοῦτο λέγετε ὅτι ἐγώ εἰμι."

第四章　ラビ文献の検討

われわれは最後に、問題の表現を、セム語法から解明しうるか否かを、検討してみることにしたい。前述のように（一四六頁）クルマンは σὺ εἶπας の背後にアラム語（?·）ʾāmartā を想定して、このアラム語は単純な肯定ではなく、むしろ問いに直接答えるのを避ける答え方である、と結論づけているが、当時の一般的なアラム語の言いまわしとして ʾāmartā にそのような意味があったのであろうか。クルマン自身はこの点には立ち入ることなくただ結論を示すのみである。筆者の見るかぎりでは、そのような言いまわしの存在は確認されていないようである（第二章註8参照）。その点では、セム語文法もギリシア語文法と同じように、われわれの問いに直接答えを与えてはくれないと言ってよいであろう。序の註3でふれたように、問題の表現に関して、ユダヤ系のセム語学者たちの間でも意見が激しく対立していることは、何よりもよくこのことを物語るものであろう。

いちおう以上の点を確認した上で、われわれは、従来類例として論議の対象とされてきたラビ文献の箇所を検討してみることにしたい。それは、『トセフタ』ケリム一 6と、『コヘレス・ラッバ』七12の二箇所である。まず前者から始めることにしよう。

(一)『トセフタ』ケリム一6

『トセフタ』ケリム一6には以下のように記されている。(1)

祭司たちは（神殿の）入口と祭壇との間へ手足を洗わないで入ってもよい。これがラビ・メイル(2)の意見。しかるに賢者たちは言った。「彼らにはそのようなことは許されていない」。

聖者シモン(3)はラビ・エリエゼル(4)の前で言った。「私は手足を洗わないで（神殿の）入口と祭壇との間へ入りました」。

しかるに彼（エリエゼル）は彼に言った。「君は大祭司の犬のほうが君よりも優れているなどと言って、恥ずかしいことだろうね(5)」。

彼（シモン）は言った。「ラビよ、あなたはそうおっしゃいました（You have said so. = אֲמַרְתָּא ʼāmartā）」。

彼（エリエゼル）は彼（シモン）に答えた。「神殿祭儀では、大祭司ですらも（もしも手足をあらかじめ洗っていたかったならば）木の棒で頭をぶち割られていたことであろう。お前は何をしたいのか。ただ監視人（overseer）がお前に気付かなかったことを望むのみだ」。

ここでわれわれの検討の対象となるのは、シモンの ʼāmartā ということばである。この語の直訳は「あなたは言った」であり、まさにギリシア語の σὺ εἶπας に対応していることになる。このことばが、一般に用いられる肯定の答えかたではないことは、シュトラック＝ビラーベックの認めるとおりである。彼によれば、普通に用いられる肯定の答えは、הֵן hēn（הֵין hên）または אִין ʾîn である。[6] しかしシュトラック＝ビラーベックは、右の箇所の ʾāmartā は、肯定の答えであり、したがって σὺ εἶπας も肯定の答えである、と主張する。[7] ただしその論拠は示していない。シュトラック＝ビラーベックと同意見であるキャッチポールの説明は以下のごとくである。

> 大祭司をも拘束する規定からシモンが除外されるはずがない、というのがエリエゼルの質問の前提であり、シモンもその点は認めざるを得なかったはずである。すなわち、しぶしぶなされた承認、強制された肯定だから、シモンははっきりと Yes とは言わないで ʾāmartā と答えたのである。ʾāmartā はそのような意味で、肯定の答えである。[8]

はたしてそうであろうか。われわれも、右の伝承をくわしく検討してみることにしよう。

まず第一に、ラビ・エリエゼルの最初の発言は、唐突であり、いったいなぜそんなことを言いだしたのか、シモンには真意がつかめなかったはずである。大祭司をも拘束する規定云々は、エリエゼルの第二の発言で言われていることであって、第一の発言は、いわばシモンを頭ごなしに罵倒しているのであり、このような罵倒のことばに、罵倒された相手がいかなる意味にもせよ、Yes とか No とか答えるはずがない。

さらに、大祭司の犬のほうが自分よりも優れているなどということは、考えただけでも身震いするほどの侮辱であったはずである。すなわち、「聖者」（あるいは「慎しみ深い者」）と言われているからには、シモンは後代のラビたちから一定の敬意を払われていたことは確かであり、反サドカイ派的立場にあったことは明らかである。したがって彼にとっては大祭司よりも自分が低く見られるということだけでも侮辱であったはずである。しかもそれだけではない。われわれは、犬というものがユダヤ民族の中では汚れた動物として、いみきらわれ、異教徒、背教者、愚者の代名詞のごとく用いられていたことに注目しなければならない。[9] つまり、シモンが反サドカイ派的人物であったとすれば二重の侮辱であり、仮にそうでなかったとしても、ひどい侮辱であったことは間違いない。

とすれば、なんの説明もなくいきなりこのような侮辱を受けたシモンは、相手に向かって、「あなたはひどいことをおっしゃいますね。いったい全体それはどういう意味なのですか」と問い返すはずである。ライブレ（H. Laible）は、シモンの ʾāmartā を「あなたはそんなことをおっしゃるのですか」という意味に解しているのは、したがって、正当である。[10] シモンの発言がこのような意味をもっていたからこそ、すぐ続いて、エリエゼルがシモンに「答えた」と記されているとも考え得るのである。

さらにわれわれは、ラビ文献における、論争の型に注目したいと思う。一つは、ラビの正しい主張に、反対者が反論し、最後にラビが最終的に自説の正しさを再確認して終わる、という型である。たとえば『バビロニア・タルムード』ババ・バスラ一一五b―一一六a、と、同メナホス六五a、bでは、ラバン・ヨハナン・ベン・ザッカイ（ラビ・エリエゼルの師）が、前者ではサドカイ派と、後者ではボエトゥス派と論争している。いずれの場合も、反対者が最後に「先生、あなたはこんなふうにして私を追い出すのですか」と言うと、ベン・ザッカイが「馬鹿者め、いったいわれわれの完全なトーラーが、お前たちの無駄話と同じ程度の説得力しか持っていないのか」と最後のとどめをさしている。[11] われわれの問題にしているシモンの発言は、右に示した反対者のことばに類似しているということができるであろう。

ラビ文献における論争の第二の型は、Aがある説を述べ、Bがそれを否定して、正しい説を述べて終わる、というものである。もちろん登場人物が二人以上のこともある。ある問題について二つの解釈をおのおの複数の者が主張し、最後に一人のラビがどちらが正しいかを決定する場合もある。このような場合、ほとんど常に、具体的な論争ではなく、論争史である。この型の例は『ミシュナ』に非常に多いが、ラバン・ヨハナン・ベン・ザッカイが最後に登場する例として、シェカリム一4とケスボス一三1とを挙げることができる。(12)

第三に、サドカイ派とパリサイ派が祭儀の執行方法について論争し、パリサイ派の主張に従わなかった祭司が、その罰を受けて死ぬ、という型がある。論争そのものは記されていない場合もある。『トセフタ』ヨマ一8（＝『バビロニア・タルムード』ヨマ一九b＝『パレスチナ・タルムード』ヨマ一・五）および『トセフタ』パラ三8に認められる。(13)最後の例ではヨハナン・ベン・ザッカイが登場する。

いささか長々とラビ文献を紹介したが、以上によってラビ文献における論争では、正統説に対する反対者が、論駁されて正統説の正しさを承認する、という描きかたは見当らないようだ、ということが明らかになった。しかし膨大なラビ文献のことゆえ、断定は控えたいと思う。右にあげた三つの型の中で、第一の型にわれわれの箇所が類似していることは、すでにふれた。しかし、反対者が祭儀的手続きを誤った、という点において、第三の型にも類似している。右にあげた第三の型の例はいずれも反対者の死をもって終わっている。その意味ではわれわれの箇所でも、シモンの死が予想される。

いずれにせよ、シモンがラビ・エリエゼルに同意するか同意しないかということは全く問題ではないのである。

(二)『コヘレス・ラッバ』七12

続いて、ラビ文献中の第二の類例『コヘレス・ラッバ』七12の検討に移りたい。まず最初にテキストを、キャッチポールの論文二一五頁に掲げられている英訳から、訳出することにしよう。[14]

セッフォリス[15]（の町）で、ラビ[16]が臨終の床にあった時、その町の人々は「誰でも、やって来て、『ラビは死んだ』と言う者は、われわれによって殺されるであろう」と宣言した。バル・カッパラ（＝カッパラの息子）が（ラビの病室へ）行って、窓ごしにのぞき込み、それから頭をおおいかくし、衣服を裂いて人々のところへ戻り、[17]「兄弟たちよ、エダヤ（Jedayah）の子らよ。私のことばに耳を傾けよ。天使たちと人間たちとが契約の板に手をかけ、[18]天使たちが勝って、板をひったくった」と叫んだ。

人々は「ラビは死んだ（のか）[19]」と叫んだ。

彼は彼らに言った。「あなたがたがそれを言った。私はそのことを言わなかった[20]」。

彼はどうしてそのことを言わなかったのか。なぜならば「よくない報告（bad report）を口にする者は、愚か者である」（箴言一〇18）と記されているからである。人々は自分たちの衣服を

（激しく）裂いたので、その音は三マイル離れたグフタにまで達した。そして「知恵はこれを持つ者の生命を保たせる、これが知識のすぐれた点である」（伝道の書七12）という聖句は彼のことを指すものとされたのである。

シュトラック＝ビラーベックは、この箇所は、マタイ二六25の σὺ εἶπας の理解には役立たないとして退ける。しかしその理由は示さない。シュトラック＝ビラーベックは、すでに見たとおり、先に検討した『トセフタ』の箇所を証拠に σὺ εἶπας を肯定ととるのであり、その立場からすると、明瞭な肯定ととることのできないこの箇所は具合いが悪いのである。ここでは明らかに「私ではなく、あなたがたが」と、主語に強調点がある。

これに対して、キャッチポールは、この場合ラビが死んだという事実は、バル・カッパラが衣を裂いたこと、天使と人間の争いで天使が勝ったという彼のことば、この二点によって明瞭に示されているのだから、You have said it という答えは、この事実を確認したものであり、しぶしぶなされたものではあるけれども、そしてはっきりとした言いかたではないけれども、明瞭に肯定である、と主張する。

しかし、この話全体をすなおに読めば、バル・カッパラが、民衆の質問に Yes という答えをなんとしても避けようと必死の努力をしていることは明瞭である。そしてキャッチポールも認めているごとく、You have said it は、この場合、顔おおいと衣裂き、それに天使の勝利への言及があってはじめて、肯定の答えであることが推測されうるのである。あるいはむしろ、肯定の答えは You have said it

以前の身ぶりとことばの内に（のみ）あると言うべきであろう。いずれにせよ You have said it という表現そのものには決して肯定の意味があってはならないのである。[21] もしも肯定の意味があったとしたならば、この話全体の中心点がぼやけてしまうであろう。結論として、この句は、民衆の質問にはっきりと答えるのを避けようとしたバル・カッパラの気持ちを表わしており、相手のことばを相手に投げ返したものと解するのが正しいであろう。

ラビ文献における類例の検討の成果は、第三章までの検討のさし示してきた方向と完全に一致している。

註

(1) キャッチポール前掲論文二一六頁所収の英訳に基づく重訳。

(2) 紀元後二世紀の人。ラビ・アキバの弟子。『ミシュナ』の発展に決定的な役割を果たした。「以上がラビ・メイルの意見。これに対して賢者（Hakamim）は次のように言う」という言いかたは、ラビ文献の中にくり返し認められる。J・ボウカー著『イエスとパリサイ派』邦訳（教文館、一九七七年）二一五、二五〇、二五四頁参照。なお「賢者 Hakamim」については、同書、第一章「解題」参照。

(3) シメオンに同じ。この名の人物は非常に多く、エリエゼルを次註のように考えた場合にも、年代的に該当するシメオンは *Encyclopaedia Judaica* の中に数人あげられている。「聖者」の原語は、シュトラック＝ビラーベック（I九九〇頁）によれば צנוע であり、「慎しみ深い、礼儀正しい、気品ある」などの意味のことばである。シュトラック＝ビラーベックは der Sittsame と訳すが、ここではいちおうキャッチポールの引用するツッカーマンデルの the Saint という訳に従った。

(4) このラビ・エリエゼルはラバン・ヨハナン・ベン・ザッカイの弟子、ラビ・エリエゼル・ベン・ヒルカノスであろう。この人物については「ピルケ・アボス」二―8参照。二世紀初頭に活躍した。ラビ文献でも特別に重要な地位を占めている。

(5) 英訳は You would certainly be ashamed to say that the high priest's dog is more eminent than you? シュトラック＝ビラーベックは eminent の部分を beliebt と訳す。

(6) シュトラック＝ビラーベック（I九九〇頁）および M. Jastrow, *A Dictionary of the Targum, ...*, (repr. New York: Judaica Press, 1971) の各項目参照。

(7) du hast es gesagt ＝ du hast recht, so ist es だと言うのである。前掲箇所。

(8) キャッチポール前掲論文二二〇頁註1によれば、ダルマン（G. Dalman, *Die Worte Jesu*, 1930, S. 309）もシュトラック＝ビラーベックと同意見とのことである。

（９）出エジプト二二31（野で裂き殺されたものの肉は犬に与えよ）、詩二二16（犬は私をめぐり、悪を行う者の群れは私を囲む）、箴言二六11（愚か者が犬にたとえられる）、「エチオピア語エノク書」八九42―49（犬＝ペリシテ人）、マタイ七6（聖なるものを犬にやるな。本書八一頁参照）、ピリピ三2（犬ども＝悪人）、黙示二二15（犬ども、まじない師、姦淫者、偶像崇拝者……）、等。さらにイザヤ五六11、列王上一四11参照。ただし「トビト書」（六1、一一4）だけは例外である。

（10）シュトラック＝ビラーベック（前掲箇所）註1による。シュトラック＝ビラーベックは、ライブレのように解するには、kēn（そのように）または zôʼth（そんなこと）を ʼāmartā の前に補わねばならないと反論する。しかしシュトラック＝ビラーベック自身 du hast *es* gesagt と es（それ）を補って訳しており、その点では、ライブレの *das* (so ein hartes Wort) sagst du? と相異はない。つまりライブレのように訳すには kēn か zôʼth が必要だというのであれば、シュトラック＝ビラーベックの訳も kēn か zôʼth が必要なはずである。

（11）J・ボウカー『イエスとパリサイ派』邦訳二六五、二七三頁による。

（12）同書、一八九、一九六頁による。

（13）同書、二一七―八頁、二四二―三頁、二八四―五頁、二六六頁による。

（14）シュトラック＝ビラーベックは、同じ物語を『パレスチナ・タルムード』キライム九・三二b・九（*Encyclopaedia Judaica* の数え方では九・四・三二b）から訳出している。なお『バビロニア・タルムード』ケスボス一〇四aその他にも、同じ話が出ている。参考までに、ソンチノ社版英訳本によって、『バビロニア・タルムード』の内容を紹介しよう。“‘Go’ said the Rabbis to Bar Kappara, ‘and investigate’. He went and finding that Rabbi was dead, he tore his cloak and turned the tear backwards. [On returning to the Rabbis] he began: ‘the angels and the mortals have taken hold of the holy ark. The angels overpowered the mortals and the holy ark has been captured.’ ‘Has he’ they asked him, ‘gone to his eternal rest?’――‘You’ he replied, ‘said it; I did not say it.’ ”

（15）ハイファとガリラヤ湖の中間に位置する古代のガリラヤの町。本書八頁地図参照。

（16）紀元後二世紀後半から三世紀始めにかけて活躍し、『ミシュナ』の編集者として著名なラビ・ユダのことである。

（17）英訳は squeezed himself in. シュトラック＝ビラーベックは blickte auf sie. セイヤーは betakes himself to them. 註14で引用した『バビロニア・タルムード』参照。
（18）セイヤーはこの後に「そして両者がそれを取りあったが」を加える。「契約の板」はもちろんラビ・ユダに対する尊称。
（19）キャッチポールはこの文を感嘆文ととる。セイヤーは疑問文にとり、シュトラック＝ビラーベックは“Rabbi ist entschlafen?!”と訳す。註14の『バビロニア・タルムード』参照。
（20）You have said it; I have not said it = אתון קאמר יתון אנא לא קאמינא. 後半の「私はそのことを言わなかった」は、われわれの版と、『バビロニア・タルムード』ケスボス一〇四ａにのみあり、他の諸版にはない。シュトラック＝ビラーベックによれば、『パレスチナ・タルムード』キライムでは Ihr habt es gesagt = אתון אמרתון となっている。
（21）セイヤーは「肯定の意味は、この表現自体のうちにあるのではなくて、その語られた状況によるものである」と記している（四一頁）。

結　語

以上一～四章において、われわれは、福音書に伝えられているイエスのふしぎなことばについて、それぞれ異なった四つの角度から検討を加えてきた。もちろんわれわれは、以上の研究によってこれらのことばの意味が完全に明らかにされたなどと言うつもりは毛頭ない。これらの表現が不分明であるからこそ、論議が重ねられてきたのであり、またわれわれにとっても不可解であるからこそ、このように長々とした検討が必要となるのである。このような不分明さ不可解さそのものを明らかにすることがこの小論の目的であった、とすら言ってもよい。

しかし、ともかく、われわれは、これらの不分明な表現について、一つの解釈の試みを提出した。異なった角度からなされた四つの検討は、一つの方向を指し示している。これらの表現は、質問者の問いに直接答えることを避け（控え）、むしろその問いを質問者自身に投げ返している、というのがわれわれのとりあえずの結論である。

付論2

〈エッセイ〉新約聖書本文批評学などについて

土岐　健治

オリゲネス（一八五年頃―二五四年頃）は聖書の写本について次のように記している。「福音書の諸写本の間の相違は大きくなっている。それは一方では筆写者のなげやり（や不注意）により、他方では筆写者の意固地な無謀さによる。彼らは自分が筆写したものをチェックしようとせず、見直したとしても、好き勝手に文言を付加したり削除したりする」（『マタイ福音書註解』一五・一四）。

ウルガタ（ラテン語訳聖書）の編訳者ヒエロニュムス（三四五年頃―四二〇年頃）は、「（筆写者たちは、手もとの写本に）見出すものではなく、（自分たちの）考えや推論（正しいと思うもの）を書いて（書き写して）おり、他人の誤りを正そうと尽力しながら、自分たち自身の誤りを提示している」（scribunt non quod inveniunt, sed quod intellegunt;et dum alienos errores emendare nituntur, ostendunt suos［*Epist.* 71.5］）と嘆いている。これはオリゲネスやヒエロニュムスのみの感想ではない。聖書に限らず、古代における写本の伝承の実態は、おおむねこのようなものであった。

新約聖書本文批評学（textual criticism, Textkritik）は、ともすると新約聖書のオリジナルの、つまり著者自身の自筆の本文（あるいは限りなくそれに近いもの）の再構成あるいは復元を目指す（保証する）学問であると（漠然と）思われているふし（きらい）がある（たとえば「正文批判」という、さりげないことばづかいには、そのようなニュアンスが感じられる）。筆者はこれを全面的に否定するつもりはないが――基本的には正当であることを認めるが――、少なくとも誤解を招きかねない（misleading）ことを危惧するものである。新約聖書のオリジナルな、著者の自筆原稿は存在しない。本文批評学が資料として用いることができるのは、①約五七〇〇とも言われるギリシア語写本（互いに全く同じ写本は存在しない）、②重要なラテン語訳をはじめとする諸古代語訳（かなり古いギリシア語写本の状態を保存して伝えている可能性がある）、③古代の教会教父をはじめとする著述家たちの著書における新約聖書の引用（②と同様）、である。②と③もそれぞれの成立年代以降の写本によって伝承されている。

①は古い順に、パピルス写本（アンシャル（uncial）書体＝大文字の楷書体の一種）、獣皮紙写本（parchment. 羊皮紙に限定されない。アンシャル書体。majuscule とも呼ばれる）、小文字写本（minuscule. 小文字の草書体。八〇〇年頃以降）、聖書日課ないし聖句集（lectionary. 個人的な日課として、あるいは特定の日のミサの中で、読むための聖書の章句を集めたもの）、に分類される。パピルス写本は二、三世紀のものが多いが、すべて断片である。最古のパピルス写本はヨハネ福音書一八31―34、37―38を記している$\mathfrak{P}^{52}$で、二世紀前半（一二五年頃）のものとされている。詳しくはメッツガー『図説』参照。

新約聖書が今日我々が手にしている二七の文書からなる集成であることをはじめて明言したのは、四世紀後半、アタナシオス（二九五年頃―三七三年）である。それ以前には、様々な形と内容の「新約聖書もどき」（後代の新約聖書の前身）が存在したが、全教会として、つまり全教会の代表が集う（と主催者側が主張する）教会会議において公認された新約聖書は存在していなかった。新約聖書もどきを最初に考案したのはマルキオン（一世紀末―二世紀半ば）であるとされている。彼は（自分の思想に合わない部分を削除した）ルカ福音書とパウロ書簡集を一つにまとめた（実物は残っていない）。マルキオンは後の正統教会につながる人々からは異端視された（この時代にはまだ正統と異端は後代におけるように明瞭ではなかった）。マルキオン以降、彼の試みに対抗する意味もこめて、（後に新約聖書に含まれることになる）いくつかの文書を規範的なものとして集成して、それに後の正典に相当するような役割を与えようとする、類似の試みが繰り返された。大まかに言えば、後に異端とされる立場のグループが最初に「正典（もどき）」を考案し、それに対抗する様々な「正典（もどき）」が作られたと言うことができる。アタナシオスの定めた二七文書からなる「新約聖書正典」にしても、四世紀後半以降ただちに全教会的に承認され、受け容れられたわけではない。

つまり、新約聖書諸文書は、成立後二、三〇〇年の間は、いくつかの例外はあるにしても、正典にせよ聖典にせよ、何らかの意味において規範的な（権威のある）文書として、他の類似の文書（たとえば使徒教父文書や新約聖書外典のいくつかの文書など）と特に区別して伝承され（書き写され）ていたわけではない。筆写者の中には、後に正統と認定される神学思想の持ち主もいれば、後に異端の烙印を押されることになる神学思想を奉ずる人々もいた。単純に正統とか異端とか色分けすることのできない、さまざまな考え（解釈や思想）や立場が並立していたのである。筆写者たちは、意識的意図的でないうっかりミスを犯すこともあり、同時にそれぞれの考えや立場に基づいて、意識的意図的に手本となる写本に手を加えて、改変修正したケイスも少なくなかったのである。この点についての立ち入った検討は、この時代のキリスト教神学思想史を踏まえることなしには不可能であり、他日を期すほかない。新約聖書本文批評学の資料（である写本など）は、無数とも思われるいわゆる異読（本文として採用されない読み）を含めて、キリスト教神学思想史の貴重な証言でもある。

さらに、四世紀頃まで、新約聖書諸文書を筆写した人々の多く（あるいはほとんど）は、プロ（専門）の筆写者ではなかった。プロかアマチュアかは別にしても、彼らには自分たちが「正典」という非常に重い意味を持つ（ことになる）文書を書き写しているという意識は、基本的に（ほとんど）なかったと考えられるのである。

そもそも初期のキリスト教徒たちは、どちらかというと、上流階級よりは下層階級の人々の方が多く、余り教養（学識）のない人々が多かった。古代における識字率は高く見積もっても一〇―一五パーセント程度であったと推測される。もちろん伝承（文書）資料から識字率を割り出すことには問題が多い上に、識字率は時代と地域によって異なっていたに違いないが、初期のキリスト教会に学識の深くないメンバーが多かったということは、読み書きのできる人々が少なかったことを意味する。たとえば使徒行伝四13では、イエスの弟子であるペテロとヨハネは agrammatoi ＝「無学」ないし「文盲」とされている。このようないわば「目に一丁字のない」普通の庶民が、（アマチュアとして）写本を書き写していたのであれば、右記のような様々な意味において、その結果は不正確なものとなる場合が多かったであろうことも、怪しむに足りない。冒頭のオリゲネスとヒエロニュムスのことばを思い起こされたい。新約聖書諸文書成立後数百年間おおむねこのような状態が続いていたとすれば、仮に四世紀後半頃以降に、新約聖書の形と内容が徐々に固まり、プロの（あるいはプロ的な）筆写者たちが、対象が正典であることを意識しながら正確な筆写を心がけたとしても、ある意味ではいわば手遅れであった側面が少なくなかったであろうことは、否めない。

以上略述したところは、いずれもそれ相応の根拠に基づいているが、ここではその根拠となる資料の詳しい紹介は、かなり長いものとなるので、省かざるを得ない。とりあえず、詳細については、参考文献表に挙げた書物、とりわけ田川建三と Bart D. Ehrman とメッツガーの諸著書を参照されたい。

筆者は新約聖書の内容（本文）が初期の数世紀間のやや不正確な写本伝承によって、全体的に原形をとどめない、不正確なものとなってしまったとか、全く復元不可能であるとは、考えていない。ただ、聖書を原典で読もうとする人々、原典研究を標榜する学者、その研究成果に接して恩恵に浴そうとする人々は、右記のような問題があることをきちんと頭に入れておく必要がある、と言う点に、注意を促したいと考えるのみである。オリジナルないしそれに限りなく近い読みの候補は一つとは限らず、むしろ複数である（一つに特定できない）場合が多いことに、留意すべきである。

本文批評学の問題は別にして、そもそも二〇〇〇年ほども前の古代の遠く離れた言語（外語）で書かれている文書の内容を正確に理解することは、きわめて困難な仕事であることも、付記しておく。記紀万葉の原文を見て（読もうとして）もほとんど全くちんぷんかんぷんである。それらよりはるかにわれわれに近い時代の樋口一葉などの文章ですら、実に難解である。古代ギリシア語の文法をある程度学び（一応習得して）、新約聖書ギリシア語辞典のたぐいを手もとに置いて、原典に向き合っても、その内容を理解することは、普通考えられているほどに、容易ではない。そこではヘブル語（旧約）聖書の場合と全く逆の事態があらわになる。

ヘブル語聖書の場合には、先行ないし並行する時代の文献資料が少なすぎる（ほとんど存在しない）ことが問題（障害）となるのに対して、新約聖書の場合には、先行ないし並行する時代の文献が膨大である（多すぎる）ことが、さまたげになる。碑文などは脇に置くとして、ホメロス（紀元前八世紀）にはじまる古代ギリシア語文献は膨大な数にのぼり、ヘレニズム時代以降は、七十人訳聖書（LXX）をはじめとするこれまた膨大な量のユダヤ教ギリシア語文献がこれに加わることになる。

その過程で、新しいことばが生まれ、いくつかのことばはすたれ、古くから用いられることばの意味内容が変化した。それは時代のみでなく、地域や社会層によっても異なる。さらに新約聖書のギリシア語原典を解読するためには、ギリシア語文献を視野に入れてギリシア語に通暁するだけでは、不十分であり、初期ユダヤ教を中心とする比較的に近い時代の、先行ないし並行する（一部は比較的に近い後代の）周囲の関連諸文献の内容に目を配ることが必要不可欠である。これらの点について詳しくは、比較的最近の拙訳書と拙著『ユダヤ教の福音書』『西洋古典文学と聖書』『ヨナのしるし』『七十人訳聖書入門』を参照されたい。

言うまでもないが、筆者は、ヘブル語やギリシア語の原典にあたらなければ、聖書を読んで理解することはできないなどとは、毛頭考えていない。老若男女それぞれに、さまざまな日本語訳を用いて、各自の関心や問題意識と能力に従って聖書を読み学ぶことに、何の問題もない。当たり前の話である。諺にも、「生兵法は大けが（大きず）のもと」という。特に、註解書それも新しい欧米のコメンタリー（や研究）を追いかけて重視することは、得てして傷口を広げることにつながりかねない（これは私自身の営為に対する反省と自戒の弁でもある）。そのことを、以下に具体例を挙げて、できるだけ手短に、説明したい。

一番手っ取り早いやり方として、岩波版新約聖書を取りあげて、その翻訳と註記の内容を、例示的に検討することにする。これに対して、このエッセイの原稿（の原形）を受け取った佐藤研氏（岩波訳の二名の責任編集者の一人）から、次のような感想を頂いた。そもそも岩波訳の訳註は必要最小限度の「読むための手助け」とも言うべきものであって、初めから分量的に極端に制限された枠内の註です。当然ながら註解書ではありません。本文批評学的註釈を入れるという点からすれば、当然不十分なものにしかなり得ません。逆にいうと、「不十分だ」という批判なら、岩波訳に対してはたやすく出来るだろうと思います、と言うお返事があり、さらに続けて、本文批評的観点から見て問題が沢山あるのは、(新)共同訳も同一であろうと思われるが、これについてこのエッセイの中で一切批判的な言及がないことに対する疑念が、示された。「新共同訳」の批判的検討を筆者は同訳刊行直後から継続して公表しており、他の研究者たちによる批判的検討も少なくないので、ここではくり返さない。

岩波版新約聖書(新約聖書翻訳委員会訳)は一九九五年六月に第一分冊として佐藤研訳『マルコによる福音書・マタイによる福音書』が出て、翌一九九六年二月までに全五分冊が刊行され、二〇〇四年に合冊本『新約聖書』が出ている。荒井献先生と佐藤研氏が責任編集者となっている。以下、前者を一九九五年版(ないし分冊版)、後者を二〇〇四年版と略記する。この間に分冊版から二〇〇四年版に至るまでに(さらにそれ以降も)、数多くの改訂を繰り返している(らしい)が、それらの改訂の内容は、佐藤研氏のホームページ上のわずかな例外を除いて(この正誤表の最終更新は二〇〇七年二月)、基本的に公開されていない。これは二〇〇四年版以前の(そして一部それ以降の)諸版の購入者に対して不親切のそしりを免れないのではないだろうか。佐藤氏によれば、岩波書店の編集部に申し入れても、全く応じてくれず、また「脚註」をふやした「改訂版」を出して欲しいという要望を聞いてくれないとのこと。佐藤氏の言葉を用いれば、「出版行政との妥協は、茶飯事」とのことであるが（私にも思い当たるふしがある）、この訳の改訂（改版）の数の多さと、影響の大きさを考えると、疑問を感ずる。私の知る（思いつく）範囲内では、古くは岩隈直氏の『新約ギリシヤ語辞典』（山本書店）と、最近では田川建三氏の現在進行中の『新約聖書』（作品社）は、改版ないし改訂（改刷？）ごとの正誤表をきちんと公開・公表している。

それはともかく、一九九五年版の「はしがき」に記されている「顕著な特長」によれば、この訳は「精確に原文を訳出」したとある。「精確」は「正確」と異なり、『広辞苑』によれば、前者は「精密でたしかなこと」、後者は「正しくたしかなこと」とある。精確は正確以上であり、一層厳密で間違いがないと言いたいのではないかと推測する。佐藤氏によれば、正確ならぬ「精確」の使用は「意識的」とのこと。二〇〇四年版には特長の（1）に長い文章が付け加えられており、その中には「これまでなされてこなかった程の、原典への肉薄」とまで書かれている。「肉薄」には何かただならぬ気配あるいは「覚悟」のようなものが感じられる。第一分冊出版以降の約一〇年間に、訳者・責任編集者が当初よりも一層自信を深めた（あるいはただならぬ困難を乗り越えたかのような）様子（雰囲気）がうかがわれる。

さらに特長の（2）には、岩波訳の傍注（脚注）と（巻末の）補注の内容は、「質および量の点で、これまでの類似の試みを凌駕しているはずである」とも記されている。これらの表現は、「新共同訳聖書」刊行に際して用いられた同趣旨の宣伝文を思い起こさせる。また、特長の（4）は、「本訳は、ある特定の教派の信仰理解を前提としない」、「教会との関係の特にない者」も訳者に含む、「より偏りのない、学問的な「共同訳」」であるとも、うたっている（教会との関係の特にない者とは、保坂氏のことを指しているのか、という私の質問に対する、佐藤氏からの返信によれば、一九九五年以前の段階において、教会との関係の特にない者の筆頭は佐藤氏自身であり、保坂氏をアリバイとして利用したわけではない、とのこと）。このような表現の裏には、他の訳は何か特定の信仰理解を前提しているという申し立ての気持ちがにじみ出ている。筆者にはこの文脈で「信仰理解」ということばが何を意味するのかよく分からない（気持ちは推測できないわけではないが）。すぐ後に「カトリック神学」ということばが現れることから推察するに、それは普通教義（学）とか神学などと言われるものを指しているらしい。そこには神学イコールドグマ（否定的な意味で）という根の深い「偏見」が垣間見える。勝手な読み込みであることを承知の上であえて付言すれば、神学無視あるいは神学否定は、それ自身一つの立派な神学である。

「凡例」を見ると、一九九五年版の凡例一の「底本」「定本」「底本」が、二〇〇四年版では「定本」に統一されている。前者では「底本」と「定本」の相違が無視され、混同されており、後者では依拠した原典校訂版（底本）の正しさあるいは学問的とりわけ本文批評学的な正確さが、より一層強調されている。『広辞苑』六版によれば、「定本」は「異本を校合して誤謬・脱落などを検討・校正し、その書物の標準となるような本文を定めた書」。これによって読者はこの訳の学問的な正確さをより強く印象づけられことになる。二〇〇四年版には一九九五年版にない、凡例二が付加され、後者の凡例二の「底本」「定本」が（対応する）前者の凡例三ではやはり「定本」に統一されている。この新たな凡例二の付加による副産物として、二〇〇四年版の凡例四の中に「上記三」を「上記二」とする誤記が生ずることになる。凡例には翻訳中に散見される〈　〉（「〈人の子〉」など）への言及・説明が見当たらない。

以上略述したのは、岩波版新約聖書の翻訳と註記の内容の実態が、それらに即していないのではないかという懸念を払拭できないどころか（全体をくまなく調査検討したわけではないが）、気になるところをあたって見るたびに、その疑念がふくらんできたためである。岩波版新約聖書の翻訳本文のあやうさについては、すでに色々な機会に公表しているので（拙著『ヨナのしるし』と『七十人訳聖書入門』など参照）、ここでは主としてその訳註に的を絞り、本文批評学の観点を中心として、検討してみたい。取り上げるのは、あくまでも例示的ないくつかの箇所であることを、あらかじめお断りしておく。なお、他の訳、たとえば田川建三氏の現在進行中の訳についても、同様の調査検討をしないのは、不公正であると言われるかもしれないが、『ヨナのしるし』の中で明記しておいたように、年金生活老人としては高価な田川訳を買いそろえるのは控えざるを得ない。また家の近くの市営図書館には、田川訳は入っていない。仮にこれらの条件をクリアーしたとしても、田川訳をも調査検討の対象とするとなると、このエッセイはさらに長大なものになることが予想され（現時点ですでに当初構想していた紙幅を大幅に超えている）、当初の目論見にはそぐわないことになりかねない。

㈠　マルコ一41（佐藤研訳）

マルコ福音書一41の冒頭部分には、①splankhnistheis（憐れむ［splankhnizomai の分詞］）と、②orgistheis（怒る［orgizomai の分詞］）という、重要な二つの読みがあることは、よく知られており、

②を本文として採用する専門家も少なくない。ところが、岩波訳はこの点に一言も言及しない（私の目にとまった範囲では、岩波訳の訳者たちは、この立場の専門家として（ことさらに）田川建三氏を引き合いに出して（少なくとも目立たせて）、田川氏のイデオロギーと絡めて話題にするように見受けられる）。つまり底本の本文通り①と読んで、②を無視している。

にもかかわらず岩波訳はここに長い註を付しており、「原語……は「内臓」、すなわち腸や肝臓・腎臓などを指す名詞（splanchnon）に由来する」と解説しているが、要するに結論として、一世紀（頃?）には①は「憐れむ、愛する」と言う意味を持つようになっていた、ということを言いたいらしい。splankhnizomai の語義として、Bauer は sich erbarmen, Mitleid empfinden のみを、Danker は have pity, feel sympathy のみを挙げており、いずれにも「愛する」は見当たらない。もしも註記の通りならば、どうしてここも「憐れんで」あるいは「愛して」と訳さないのか、疑問に感ずる。

Bauer と Danker を見ると、splankhnon について Bauer には 1.として Eingeweide（内臓、臓物、はらわた）とあり（腸はない）、Danker には 1.として the inward parts of a body, including esp. the viscera（内臓、はらわた、腸）、*inward parts, entrails*（内臓、腸）とある。前者には「はらわた」はあるが「腸」はない。はらわたと腸は同義的に用いられることもあるが、厳密には同義ではない。佐藤氏がどちらを参照したのかは別にして、Danker の方が「腸」という訳語を導き出しやすいように思われる。後述参照。

佐藤氏は、「はらわた」とルビを振った腸は、医学的な意味の「腸《ちょう》」ではなく、それよりもやや広い、「臓腑」という意味で使っているとのこと。さらに、同じ語をマルコでは「腸《はらわた》がちぎれる想い」

と訳し、ルカ一78では「断腸の想い」と訳しているのは、ルカが擬古文好みなので、訳者の好みとして変化させたまでで、『福音書共観表』（岩波書店）では前者で統一したとのこと。

専門家はここに本文批評上の問題があることをよく知っている。REB（1989）は②によってJesus was moved to anger（怒りへと駆られた）と翻訳して、脚註にto angerを多くの証言・写本（witnesses）はto pity（憐れみへと）と読んでいる、と記している。NRSV（1989）は①を採用してmoved with pityと訳した上で、脚註にOther ancient authorities read *anger* と明記している。また、たとえば比較的最近のMarcusも②を採用している。彼は②の方がオリジナルである（オリジナルに近い可能性が高い）ことについて、取り立てて長々と説明する必要を感じておらず、特別な（新）説を唱えているわけではなさそうな文面である。つまり岩波訳が長い註で、①は「憐れんで（ないし愛して）」という意味であると説明しておきながら、わざわざ翻訳本文で「腸がちぎれる想いに駆られ」（「思い」ではない！）と訳すのは、②の方がオリジナルに近い可能性が高い（少なくともその可能性がある）という思いが無意識に（？）頭の隅にあるためではないだろうか。

そもそも「腸がちぎれる思い」（『広辞苑』には「想い」ではなく「思い」とある）は深く耐えがたい悲しみないしつらさを指すことばであり（『広辞苑』『大辞林』）、さらに、現代の日本語として普通一般的には用いられないような気がする（「断腸の思い」あるいは「腸が煮え（くり）かえる」ならまだしも）（佐藤氏はそのようにお感じにならないとのこと）。さらにここでは、「憐れむ」か「怒る」かが問題なのであり、「（深い）悲しみないしつらさ」はどちらの意味とも微妙にずれている。「（深い）悲しみ／つらさ」と解釈・翻訳したいのであれば、それなりのしかるべき解説・説明が必要であろう。

佐藤氏によれば、「腸《はらわた》がちぎれる」が耐えがたい悲しみを表現する際、大部分の場合、誰か他の人の苦悩や悲劇を見て感ずるものであると思われるとのこと。たとえば、自分が余命幾ばくもないと分かったという場合には、「腸がちぎれる」とは余り（普通は）言わないが、たとえば自分の若い息子がまもなく死なねばならないと分かれば、親の「腸がちぎれる」ことになる。他方、「同情する」や「憐れむ」では、自分とその他者との距離感が出てしまうきらいがある。さらに佐藤氏にとっては、「思い」はより知的であるのに対して、「想い」はさらに情念的なものを強く内包しているので、両者を意識的に使い分けているとのこと。なるほどと思うが、たとえば『広辞苑』と『大辞林』に「片思い」とのみあって、「片想い」という表記がないのが気にかかる。もっとも「片想い」という表記の用例も見受けられるので、佐藤氏の言語感覚があながち的外れと言うわけでは無いようである。

ちなみに orgizomai（怒る）は新約聖書中ここ以外の全八例中七例が否定的な意味であり、唯一の例外であるエペソ書四20「怒れ、そして罪を犯すな」は詩篇四5の LXX の引用である。これに対して splankhnizomai は、ここ以外に、マタイに五回、マルコに三回、ルカに三回、いずれもイエス（ないし主）を主語として現れる。岩波訳はこれらの内、マルコ九22のみを「哀れと思って」（二〇〇四年版では「哀れな者と思って」）と訳し、マタイ九36（マタイでの初出箇所）にはマルコ一41の註とほとんど一字一句同じ文言の註を再録し、マルコとマタイのこの語の用例ではすべて訳註で初出箇所の註を参照させている。ところがルカの三箇所には全く註記がない。もちろんすでにマルコとマタイで説明済みだからルカで同様の解説を繰り返さないということであろうが、マルコとマタイ（の註）

を丁寧に読まないで、ルカを読む読者もいるのではないだろうか。また、佐藤氏によれば、一九九五年版でも註の分量が長くなりすぎないように配慮し、二〇〇四年版ではさらに註を短くするように努めた（編集者から求められた？）とのことであり、全く同じ長い註を繰り返すことは、この方針に沿わないのではないだろうか。

新約聖書中の splankhnon の用例は全一一回。岩波訳は初出箇所であるルカ福音書一78を「われらの神の憐れみの断腸の想い」（一九九五年版では「憐れみ」ではなく「恵み」）と訳し（この表現で訳者が何を訴え・伝えたいのか、ぼんやりと推測できないでもないが、結局ある種の雰囲気あるいは気分を醸し出しているのみで、日本語として曖昧模糊としており、不自然であるように感ずる）、註で「ふつう「あわれみ」などと訳すが、原語は腸のこと。その原意を生かした」と説明している。これはマルコ一41の註で splankhnon を「「内臓」、すなわち腸や肝臓・腎臓などを指す名詞」と解説していたことと微妙に異なる。しかも「原意」（そもそも「原意」が何を指しているのかよく分からないが）と一世紀頃の意味と必ずしも一致しないことを、マルコ一41の註で明記していたのではなかったか。さらにそこには続けて「内臓は人間の感情の座であると見なされていたため、同語は「憐れみ、愛」などの意に転化」したとある。

そこで改めて LSJ と GE を見ると、splankhnon（複数形 splankhna で用いられることが多い）は元来「内臓」特に（祭儀での犠牲獣の）内臓としての「心臓（heart）、肺、肝臓、腎臓」などを意味した。「内臓一般」には「腸」も含まれるかもしれないがその点は明記されておらず、LSJ にも GE にも bowel や intestines のような「腸」に特化する語義は見当たらない。そこからやがて（英語の

heartのように）、喜怒哀楽の感情（の宿るところ）、とりわけ「怒り（anger）」（！）、次いで「不安（anxiety）」、さらに「愛（情）」「あわれみ、同情」へと意味が転化したとある。

旧約外典（前二世紀後半）「第二マカベア書」六7にはsplankhnismosが「犠牲獣の内臓を食べること」という意味で、六8にはsplankhnizoが「犠牲獣の内臓を食べさせる」という意味で、現れる。これをうけて、同九5では「内臓の（激しい）痛み」（ton splankhnon algedon）が、犠牲獣の内臓を食べることをユダヤ民族に強要したアンティオコス四世エピパネスを襲うことになる。ここではsplankhnaは「内臓」であって「腸」ではない。腸を含むか否かは不明であるが、いずれにせよ腸に限定されていないことは確かである。LXXではsplankhnaは「内臓」に加えて「感情・愛情・好意の座」と「同情」という意味でも用いられている。このように、古代ギリシア語ではsplankhnon（splankhna）とその関連語は、「腸」や「腸がちぎれる想い（思い）」「断腸の思い」とは明瞭に（あるいは微妙に）ニュアンスが異なる。

本文批評学上の②の優位性は、②が①へと筆写の過程で誤記されるあるいは書き変えられる蓋然性の方が、逆のケイスよりも高いことによる。一般論として、難病の癒やしを願う者を「怒る」イエスよりも、「憐れむ」イエスの方が、受け容れられやすいであろう。しかもこの箇所の前後について、並行するマタイ福音書八2―3とルカ福音書五12―13では、問題の単語の前後はほとんど全く一語一句同じであるにもかかわらず、問題の単語だけが欠落して（削除されて）いる。つまりマタイとルカはここで基本的にマルコをそのまま引用しながら、問題の単語のみをマルコから採用していない。これはマルコ一41のオリジナルが「憐れんで」であったならば、きわめて不自然であるが、「怒って」

であったならばきわめて自然な処置であったと考えられる。Davies and Allison, 18はマタイとルカが用いたマルコの写本にはorgistheis（怒って）と書かれていたであろうと明記している。この問題のさらに立ち入った検討・説明はここでは控えるが、少なくとも無視し得ない重要な二つの読みが存在していたことと、マタイとルカが共にマルコの「怒って」を削除しているらしいことに、岩波訳が繰り返されている（やや長めの）註で一言も触れようとしないのは、不適切ではないだろうか（佐藤氏によれば、紙幅がきわめて限定されている脚註の制約によるとのこと）。Ehrman及びMetzger and Ehrmanを参照されたい。Ehrmanを目の敵にしているPorter, 68f.によるEhrman批判は、感情的で説得力に欠ける。そのPorterですらも、二つの読みのどちらがオリジナル（に近い）かについて、断定を控えている。

佐藤氏によれば、そもそもorgistheisと読むのはD写本と若干の小文字写本であり、外証は弱いと言わざるを得ない、とのこと。さらに、元来のテキストが41節でsplankhnistheis、43節でembrimesamenos（激しく息巻き）となっていたのが、一見すると不自然に思われたので、話の流れを分かりやすくするために（律法に反して外を歩き回っているレプラ患者に対して、律法を尊重するイエスが怒ったという意味合いで）後代の筆写者が前者をorgistheis（怒って）と書き換えた可能性が高い、とのこと。

㈡　マルコ一六章（佐藤研訳）

マルコ福音書一六8と9の間の部分については、岩波版訳註に「これは重要な写本にはない。明らかに後代の付加である」と明記されている。ところがこれに続く一六9―20については、「最も重要な写本には欠けている」とあるが、「後代の付加である」と明記されていない。これらの直前に「以下に訳出された節は、すべて後代の加筆」とある。とすると前者は「後代の加筆」であり「後代の付加」でもあるが、後者は「後代の加筆」であるが「後代の付加」か否かを明記しない、というやや不明瞭なことになる。もちろん「加筆」と「付加」は常識的にはほぼ同義的であることは承知している。ならばどちらかに統一するのが親切ではないだろうか。「重要な写本」と「最も重要な写本」の違いは読者には（少なくとも私には）不明である。

㈢　ヨハネ一18b（小林稔訳）

ヨハネ福音書一18bには、①（ho）monogenes theos（一人子なる神）と、②ho monogenes hyios（一人子なる息子）という、重要な二つの読みがあり、ネストレ二七版と二八版は①を本文として採用している。NRSVは（おそらく①によって?）God the only Sonと訳しており、monogenesを形容詞でなく名詞ととって、「一人子、すなわち神」と解しているらしい。脚註にOther ancient authorities read …

It is the only Son（今度はmonogenesを形容詞ととっている）と記している。REBはGod's only Son（②によるらしいが、God'sは原文にない翻訳上の付加）と訳して、脚註にsome witnesses read the only begotten Godと記している。NRSVは①を、REBは②を採用しているらしいが、この点曖昧である。両者が同じ年に英国とアメリカで出ていることも気になるが、マルコ一41と同じくこの箇所でも両者の本文の読みが相違しているのが興味深い。このように、いずれの読みをとるかについて、解釈が分かれている。

ここを岩波訳は「ひとり子なる神」と訳して、註を付していない。このようないずれを採用するかについて説の分かれる複数の重要な読みがあり、なおかつその読みの無視し得ない解釈が多様である（少なくとも唯一ではない）箇所については、最低限度の註記が必要なのではないだろうか。

㈣　ヨハネ七53—八11（小林稔訳）

ヨハネ福音書七53—八11は、最も古く信頼性の高い諸写本には、記されていないので、ヨハネ福音書（新約聖書）には元々なかった（可能性が高い）という点で学説はほぼ定まっている。岩波版の長い訳註は、この点をやや曖昧にぼかして、必ずしも後代の付加と断定できないという印象を与えようとしている。この部分をしいて訳出するならば、オリジナルにはない（可能性が高い）が、伝承（伝統）と内容に照らしてあえて訳出する旨を、明記すべきであろう。

㈤　ヘブル一3（小林稔訳）

ヘブル書一3を岩波訳は「彼は……その力ある言葉によって万物を担って［pheron］おり」と訳し、註に、「あるいは「すべてのことを運んでおり」、つまり「支配しており」」という意味であると記しているが、異読の紹介はない。

B写本（四世紀）の最初の読み phaneron（あらわにする、啓示する（?·））を、後代の筆写者が pheron（運ぶ、担う）というふつうの（ほとんどすべての他の写本の）読みに訂正し、さらに後代（一三世紀頃?·）の筆写者がもとの読み phaneron に再訂正している。この再訂正者は欄外に「大馬鹿の悪党め、古い読みを残せ、手を加え（て勝手に変え）るな!」と書き込んでいる（『図版』八四頁）。

この箇所で pheron と phaneron のどちらがオリジナル（に近い）かははっきりしない（決め手がない）が、少なくとも phaneron がオリジナルにより近い蓋然性、あるいは可能性があると言うことはできるであろう。この読みを註で紹介しないのは、不適切あるいは不親切ではないだろうか。

㈥　ヘブル二9（小林稔訳）

ヘブル書二9には、① khariti theou（神の恵みによって）と② khoris theou（神から離れて）という重要な二つの読みがある。REB は①によって By God's gracious will と訳し、脚註に some witnesses read so that, apart from God と明記している。NRSV も同様に Other ancient authorities read *apart from God*

と註記している。ところが、岩波訳はここに註を付していない。

②は写本の数の上からは圧倒的に①に劣るが、古代の東西（ギリシア、ラテン）の数多くの教父たち（オリゲネス、エウセビオス、ヒエロニュムス、アンブロシウスその他）の引用や古代語訳をも考慮すると、こちらを支持する証言は少なくない。また、khoris はヘブル書で一三回用いられており、さらにヘブル書に次いで khoris を多用しているロマ書の六回と比べても、その使用頻度は突出している。さらにヘブル書の神学思想全体に照らしても、①よりも②の方が適切であるように思われる。

それはいずれにせよ、このような議論の分かれる（あるいは異論のある）重要な異読の存在を無視して、一言も紹介しないのは、偏りのない「学問的」な態度姿勢とは言えないのではないだろうか。それは、訳者の意図や意識がいかなるものであれ、結果として事実上、伝統的で護教的な流れと連なることになる。(*)

（*）さらに興味深いのは七十人訳聖書（LXX）で khoris に対応するヘブル語、① lbd は LXX で monos（唯一の）とその関連語で訳され、同じく② rq は monos とその関連語のみならず、monogenes とも訳されていることである。この点についてはさらに検討することにしたい。

㈦ Iヨハネ五7—8（大貫隆訳）

ヨハネの第一の手紙五7の最後に、岩波訳では、以下に紹介する註が付されている。「いくつかのギリシア語とラテン語の写本は7節と8節の間に通常「ヨハネの文節」……と呼ばれる次のような文章を挿入している。「天で証しする者が三人いる。すなわち、父とことばと聖なる霊である。……また、地上で証しする者が三人いる。すなわち」……。後三―四世紀のスペインないしは北アフリカで行なわれた付加と考えられている」。

この挿入文がオリジナルとは無関係であることは、本文批評学上の常識である。エラスムスが、これを含むギリシア語写本を一つも見つけることができなかったため、歴史上最初に公刊されたその新約ギリシア語校訂本に載せなかったこともよく知られている。しかしこの章句はラテン語訳聖書の伝統では（おそらく八〇〇年頃以降）確固たる位置を占めており、これ以外には三位一体説を明言あるいは暗示している箇所が新約中に存在しないため、カトリック教会側があわててラテン語訳聖書に基づいてオックスフォードで作成したこの章句のギリシア語訳を載せた写本を偽造（捏造）したため、エラスムスがしぶしぶ（偽造らしいと感じつつも、明確に反証できなかったので、その旨を註で断った上で）第三版からここに収録した（むしろさせられた）のである。これが Textus Receptus として一九世紀まで本文として定着した。本文批評学上まじめな検討に値する証言資料はほぼ皆無と言ってよい。Cf. Metzger and Ehrman, 146–8, Ehrman, *Orthodox Corruption*, 52.

訳註の最後の「付加」は、ラテン語写本にかギリシア語写本にかが書いてないので、多くの読者はギリシア語写本（とラテン語写本？）に付加されたと勘違いする可能性が高い。また、この文脈で「後三―四世紀のスペインないしは北アフリカ」を持ち出すからには、それらの年代と地名（に言及すること）にどのような意味があり根拠があるのかを説明しなければ、読者に不親切であろう。

(八)　マタイ一〇29（佐藤研訳）

マタイ福音書一〇29を含む段落一〇26―33「恐れず、言い表せ」（岩波版の見出し）の前の段落一〇17―25を、岩波版は「迫害の予告」という見出し語でまとめている。対応するルカでは順序が入れ替わり、「迫害の予告」に相当する部分は大幅に短縮されて「聖霊の助け」（一二11―12、マタイ一〇19―20）のみとなり、実質的に「迫害の予告」はなくなっている。正確にはルカはマタイの「迫害予告」の後半の一部を別の文脈へ移し、それにマタイにないことばをかなり付加している（一二12―19）。

マタイでは「迫害予告」を受けて、一〇28には「体（soma）を殺しても命（psykhe）を殺すことのできない者どもを〔もはや〕恐れるな。むしろ、命も体もゲヘナで殺すことのできる者〔単数〕を恐れていよ」（佐藤訳。一九九五年版では「命」でなく「魂」）とある。二番目の「殺す」は「滅ぼす」という意味のことば（apolesai）。マタイにおける「殺す」と「滅ぼす」の使い分けは意図的であろう。「恐れていよ」（二〇〇四年より前の版では「恐れよ」）は日本語として落ち着きが悪いように感ずる。佐藤氏の註には「形の上ではギリシア的な「体」と「魂／命」の二元論的言葉遣いを思わすが、内容的には異なる」（二〇〇四年版）とのみ書いてある。この説明では「形の上では」と「内容的には」がどう違うのか、理解不可能。ギリシア的な霊肉二元論ではないということを言いたい（らしい）ことは伝わる。しかし新約聖書の背景としての一世紀頃のユダヤ教が霊肉二元論と無縁であったと断定することは困難である。おそらくこれは、ヘブル語のネフェシュ（命）やルーアハ（息、風）やレーブ／レーバーブ（心）などがLXXでプシューケーpsykheと訳された結果、ユダヤ教がギリシア思想の影響を受け続けてきた三〇〇年ほどの歴史の経緯（LXXを含む膨大な初期ユダヤ教文献）を、無視あるいは軽視していることに起因する。拙著『ヨナのしるし』と『七十人訳聖書入門』参照。解釈は多様であり得るとしても、この説明だけでは問題は片づかない。

わきにそれるが、マタイ福音書六11とルカ福音書一一3の「主の祈り」の中の「必要な」への訳註にも同じ問題を感ずる。この二箇所の註にはやや長めの同じ内容が記されている。そこでは佐藤氏は、「原語（epiousios）……は、解釈が困難」と断った上で、「本訳（新共同訳も同じ）は、言語的にやや不確かな点がある」と明記し、続けて「他の可能な解釈例」つまり「必要な」と異なる翻訳には「意味的に問題がある」と記している。「言語的にやや不確か」と「意味的に問題がある」とが、どう違うのか、筆者には不明である。このことばについては、未公刊の、井阪民子氏による「古ラテン語訳聖書とウルガタ」の詳論参照。

話を元に戻すと、岩波版の巻末の補注・用語解説には、ゲヘナは、そこで「子供が焼き殺され、モレク神に献げられた」「おぞましい記憶から」「地獄とその滅びの火の比喩となった」とあり、心が凍りつく。「体」を殺すだけではなく、「命／魂」（psykhe）をも「ゲヘナで滅ぼすことのできる者」とは、何と恐ろしいこと（ば）であろう。そのような「者」が私（たち）と共にいることに、いかなる慰めがあることになるのだろう。百歩譲ってそのような「者」が私の「魂／命」を滅ぼさないと（確信すると）しても、誰か他の人の体のみならず「魂／命」をもゲヘナ（地獄）で滅ぼすことになるのではないか。どこまでも空恐ろしい話である。

すぐ次の文の「雀」strouthia（strouthion の複数形）は「雀」の意の strouthos の指小辞なので、「小さな雀／小雀」（あるいは小鳥）という意味である。もっともこのような場合にしばしば認められるように、必ずしも「小雀」に限定されない「雀」（そもそも雀は小さな鳥なので）という意味で用いられているのかもしれない。

続くマタイ福音書一〇29の岩波訳は「二羽の雀は一アサリオンで売られているではないか。しかしその中の一羽ですらも、あなたたちの父なしに地上に落ちることはない」（二〇〇四年版）で、一読して「父なしに地上に落ちない」が日本語として何を意味するのかよく分からない。註を見ると冒頭に「すなわち、地に落ちる時は神が支えてくれる、の意」（二〇〇四年版）とあり、ますます頭が混乱する（それとは別に、神（さま）が支えてくださる、の方が自然なように思うが）。「雀が地に落ちる」というのは「死ぬ」ないしそれに近い意味であるように思われるが、その「時には神が支えてくれる」ということは、雀は決して地に落ちる（死ないしそれ近い苦境に陥る）ことはないということ？　いやいやそんなはずはない、支えてくださるというのは、神さまは雀が落ちるときにも何らかの配慮をしてくださるということ？

ところが、一九九五年版の註には、「地に落ちる時は神が支えつつ、共に落ちてくれる、の意」とある。「共に落ちてくれる」は「共に死んでくださる」ないしそれに近い意味であろう。少なくともそのように理解される可能性を含んでいる。実際、そのように受けとめている人々がいる。とすると父なる神が、マタイ福音書の読者である、殉教ないしそれに近い（類する）苦境を予想している、あるいはそのような状況の中にある者たちと共に（一緒に）死んでくださる（あるいは苦しんでくださる？）と言うことになるのだろうか。ところが、二〇〇四年版の註では「共に落ちてくれる」が削除されている。

さらに奇異なことに、同じ二〇〇四年の『聖書を読む　新約篇』の最後に付論のように置かれている「異読・転釈解説集」（転釈とは耳慣れないことばである）の中で、佐藤氏は、「父なしに」が「素直な直訳」であり、「の許し」を加えると、「か弱い雀の滅びを神が許可したことに」なってしまい、それでは原文とは意味が変わってしまう、と明記している。その上で、「父なしに」というのは、「地上に落ちるときには、「父」と一緒だということである〔同年の訳註では「共に落ちてくれる」を削除していたのではないか？〕。これはほとんど無価値に見える雀をすら神は完全に護っていることの言明」であると明記し、「父なしに」という解釈（読み方）の方が、「並行句のルカ一二6……とも内容的により一層呼応しており、……ルカの文面は、マタイと同じ文面を、主旨を変えてより分かりやすくしたものだ」と書いている。この文脈で「神は完全に護って（守って？）いる」というのはどういう意味なのか、私の理解を超える。

佐藤氏から私宛てのコメントによればここは「たとえ雀が地に落ちて死んでも、神は必ず守って〔護ってではない！〕くれる（あるいは救ってくれる）……おまえたちは雀より大事な存在なのだからなおのこと大丈夫だ、という慰めと鼓舞の流れ」であり、「救済的な神の臨在・働きの言明」であるとのこと。私には「救済的な神の臨在・働き」とは具体的に何を意味するのか、これらのことばの内実がよく分からない。

ここで少しわきにそれることになるが、『聖書を読む』の「異読・転釈解説集」の中で、佐藤氏は、マルコは「イエスのいわゆる「復活体」を積極的に描写する必然性をもはや持たない」と書いている。（私は「復活体」ということばを聞いた記憶がない。）さらに「（マルコ）一四28ですでに、イエス自身が弟子たちに「しかし自分が起こされた後、あなたたちより先にガリラヤへ行くであろう」と語っている」と明記している。この「起こされる」は egerthenai で、この動詞 egeiro（mai）は基本的には「起こす、目覚めさせる」「起き（上が）る」という意味であるが、派生的に文脈に応じて「よみがえる」「復活する」を意味する。拙稿「初期ユダヤ教における復活思想」（山岡三治・井上英治共編『復活思想の理解を求めて』（サンパウロ、一九九七年）所収）参照。もしもマルコ一四28が「復活」を含意しない（?）「起こされる」という意味であると解釈したいのであれば、それ相応の説明が必要ではないだろうか。マルコ六14の同じ動詞を用いた表現を、佐藤氏は「死人たちの中から起こされた」と訳し、註では「ヨハネの蘇ったゆえ」と何の説明もなく言い換えている。本文を「起こされた」と訳し註で「蘇った」と言い換えるくらいなら、どちらかに統一すべきではないだろうか。二〇〇四年版の巻末の補注・用語解説にも egeiro に「復活させる」と言う意味があると明記されている。本文訳で「復活」「よみがえり」を避けて「起こされる」を繰り返すことには、何か強いメッセージがあるのではないかと感ずるが、それが何なのか私には理解できない。佐藤氏によれば「それは元の語にあるイメージをそのまま出した訳にした、ということ」とのこと。

しかし、気を取り直して註の続きを見ると、次のようにある。「「父なしに」をほとんどすべての訳は「父のお許しがなければ」（新共同訳）などに敷衍しているが、あらずもがなである」。「あらずもがな」はふだん耳慣れない表現なので辞書を引いてみると、「むしろない方がよい」とある。どうも傍点を振った「お許し」は余計（不要）だと言いたいらしい。しかし「あらずもがな」というやや古風な言葉遣いから受ける印象はそれよりも強く（たとえば「論外である」のように）、新共同訳に代表される伝統的な従来の訳を強く否定しているように感ずる（これについては後述）。ここで「邦訳」ではなく「訳」とあることに注意。しかも伝統的な訳ないし解釈を「お許し」ということばで総括することには大きな違和感を抱く。註の最後は、「思想的には、一23の「インマヌエル」、二八20の「共にいる」参照」（二〇〇四年版）とある。一23の「（インマヌエル＝）神、我らと共に」への註には「マタイ福音書全体を貫く観念。特に二八20との枠構造に注目」とある。「思想」でなくてわざわざ「観念」ということばを選ぶ意味（理由）が、よく分からない。それはいずれにせよ、一23と二八20（マタイの最後の文）との枠構造の中間あたりに、一〇29の文が置かれ、神はいつも人間と共にいて「支えて」（守って？）くださる、ということをマタイは強調している、ということらしい。「支えて」は「寄り添って」や「心にかけて」や「助けて」などと言い換えることができるのか否か、疑問がわく。もしもこのような言い換えが許されるならば、日本語として分かりにくい（意味不明の）「父なしに」よりは「父のみ心によらないで」「父の配慮なしに」（あるいは「お許しなしに」）と訳した方が、分かりやすいような気がする。

佐藤氏の解釈によれば、「どんな窮地に陥ったときにも（たとえ死んでも）神は支えてくださる」のであって、「み心なしに」とか、まして「お許しなしに」などと訳したのでは、神さまは気が向けば支えて（助けて）くれるし、気が向かなければ支えて（助けて）くれないということになり、マタイの思想とは異なることになるらしい。「お許しなしに」では、迫害による殉教や（大）災害などで人間が死ぬ（殺される）あるいは死に瀕するのも、神さまのお許し（み心）による、と言うことになってしまい、佐藤氏によればそれでは「過酷きわまることではないのか」、それでは読者は「不安に」なり、「むしろ空恐ろしくなる方が当然ではないか」（『聖書を読む』一五二頁）、つまりマタイ（イエスさま、聖書）がそんなことを言う（書いている）はずがない、ということらしい。佐藤氏には、聖書に「過酷きわまること」が書いてあったり、聖書が読者を「不安」にさせ、「空恐ろし」くさせるはずがない、という思い（こみ）があることがうかがわれる。それについて私は論評するつもりはない。新約聖書本文批評学と文献学の問題に土俵を設定したい。

まず第一に、「～なしに」と訳されているギリシア語アネウ aneu の用法・語法を、LSJ と GE を手がかりにして、調査確認してみたい。ホメロス『イリアス』一五・二二三に aneu emethen（= without me）: without my knowledge and will「私［や他の神々］の意向を無視して」（松平訳「私に計ることなく」）とあり、同『オデュッセイア』二・三七二にも oute … aneu theou hede ge boule:「この（私＝テレマコスの）企て（意向。ブーレー）は、神さまのお力添えがなくてのことではない」（呉茂一訳を参照。ブーレーに注目）とある。同一五・五三一にも「けしてあの鳥（ornis）は神意によらず（aneu theou）右手へ飛んだ（eptato）のではありません」（呉訳）とある。ちなみに飛ぶ petomai は落ちる（倒れる）pipto[mai] とよく似ており、サンスクリット語の patati に「飛ぶ」と「落ちる」の両義があることが示しているように、語源が同じであったものと思われる（日本語でも鳥は羽をパタパタさせて飛び、パタッと落下する）。さらにアイスキュロス『コエポロイ』四三一にも「市民たちに知らせずに（の同意なしに）（aneu politan）」（呉訳参照）とある。まだまだあるが、これで十分であろう。これらの古典ギリシア語文献の用例によって、アネウ〜が古来「〜の力添えなしに」「〜の同意なしに」「〜の意向を無視して」「〜に知らせずに」「〜が知らないままに」という意味で、基本的に否定文で、しかもしばしば「〜」には「神」あるいは「(広義における)神的な人物」が置かれる形で、広く一般的に用いられていたことは、十分に明瞭である。

さらに岩波訳の編集責任者である荒井献監修のバルツ＝シュナイダー編『新約聖書釈義事典』(教文館)のaneuの項目は、マタイ一〇29は「あなたがたの父の許し〈なしで〉」という意味である、と何の説明もなく明記している。もしかすると〈 〉の位置が間違っていて「父〈の許し〉なしで」のつもりかも知れない。ドイツ語原文はohne den Willen und das Wissen eures Vaters(英訳はwithout your Father's will)で、邦訳とは微妙に異なるが、右に挙げた古典の用例と同義的である。ルツの註解書『マタイによる福音書』(教文館、一九九七年、小河陽訳)の当該箇所も本文を「あなたたちの父〔の許し〕なしに」と訳した上で(ドイツ語原文はohne euren Vaterで、「〔の許し〕」は小河陽氏の付加)、註解では「雀さえも配慮し給う「あなたたちの父」」と言い替え、さらに雀は最も安価な「庶民の焼き肉用鳥肉」であり、「ただの一羽の雀さえも、神の同意なしには狩猟の獲物とならない」と踏み込んで解説している。「落ちる」を「狩猟の獲物となる」という意味に解している。ドイツ語圏の新約聖書学の権威(?)たちも、このようにaneuに「許し」「同意」「配慮」などの意味が含まれていることを、取り立てて何の説明もなく、認めており、岩波訳の訳者・編集責任者である荒井先生も小河陽氏もこれをそのままあるいは微妙にドイツ語原文を変えて「許しなしで(〜に)」と日本語に訳して(何の説明もなく)紹介している。バルツ＝シュナイダーの『事典』とルツの註解書は英訳も出ている。これは佐藤氏が「西洋の翻訳で、「許し」〔に類する語〕に相当する語……を使っているものは……見当たらない」（『聖書を読む』一五三頁）と明記していることと、明瞭に齟齬をきたしている。佐藤氏もこれをお認めになっている。同趣旨の訳は英訳や仏訳にも認められる。

旧約聖書（マソラ本文＝MT）と七十人訳（LXX）に目を移してみよう。創世記四一44には岩波版月本訳によれば、「わしがファラオである。エジプト全土、そち［ヨセフ］〔の許可〕なくしては、誰も〔勝手に〕行動することは許されない」とある。つまりヘブル語の「〜なしに」bl'dyk にも「〜の許可なしに」という意味（含み）があることになる。ここでもやはり、「広義の神的な人間」と結びつき、否定文である。ここはLXXでは aneu sou ＝ without you で、村岡辞典は without your permission「あなたの許しなしに」と説明している。

この少し前の四一16のMT「私ではなく、神がファラオの安寧についてお答え下さいましょう」（月本訳）に対応するLXXは「神なしには（aneu tou theou）ファラオの救い（to soterion）は答えられないでしょう（apokrithesetai）」（直訳）で、やはり神と結びついた否定文である。ここの「答える」apokrinomai について村岡辞典は the security of Ph. could not be vouchsafed（?）と疑問符付きで説明しており、ここの apokrinomai は「与えられる、賜る」という意味らしいが、余り確かではない、自信がないことを明示している。それはともかく、LXXでは、16節の「神なしに」＝「神さまの助け（力添え）なしに」を受ける形で、44節に「あなたなしに」＝「あなたの許可なしに（意向を無視して）」となっており、それとなくヨセフを神になぞらえようとする気持ちがにじみ出ているのではないだろうか。それはいずれにせよ、16節の「神なしに」も「神のみ心（意向）によらなければ」「神の力添えがなければ」（さらに「神さまのお許しなしに」）という意味に解して、何の問題もないどころか、その方が自然である。

　ここまでの創世記の月本訳と訳註を読む限りでは、四一16と44はヘブル語では互いに無関係であるような印象を受けるが、問題の部分については、前者はbl’dy、後者はbl’dykで、「私」と「あなた」が同じ「～なしに」の意の前置詞の後に置かれており、Clinesは前者をnot me, i.e. it is not through me「私を通してではなく」と説明している。見逃せないのは、同じヘブル語の前置詞を同じギリシア語aneuで訳しながら、16節のMTの「私」がLXXでは「神」となっていることである。これによって、ヨセフの神格化が強化されることになる。LXXの底本となった（と推定される）ヘブル語写本本文（実物は残っていない）の方がMTよりも古く、もしもLXXが底本を忠実に訳しているのであれば、MTの方がこの神格化を弱めていることになるのかもしれない。

　エレミヤ書四四19にも同じ前置詞が現れ、is it without our husbands’ approval …?（*Tanakh*）、「わたしたちの夫が許したことではありませんか」（口語訳）とある。LXX（51:19）はme aneu ton andron hemon …（ヘブル語直訳）。ここにも「許し」ないし「同意」という含みがある。イザヤ書三六10でもほとんど同じ表現（mbl’dy）で、アッシリア王の名代がエルサレム市民たちに向かって、「わたしがこの国を滅ぼすために上ってきたのは、主（ヤハウェ）の許しなしでしたことであろうか」（口語訳。REB: without the consent of the Lord）と問いかける。LXXはaneu kyriou = without Lord。ここでは同じ表現が「の許しなく」「の意向と無関係に」あるいは「の助けなしに」という意味で用いられている。以上の検討によって、マタイ福音書一〇29の同じ表現も、「の意向と無関係に」「の許しなく」「の助けなしに」などの意味を含ませて用いられていると考える方が、そうでないとするよりも、はるかに自然で無理がない、つまり「素直」な読み方であるように思われる。

さらに本文批評学の観点から問題を見直してみたい。上記の『聖書を読む』一五二頁で佐藤氏は、「「許し」などを示唆する語をはさんだ異読も全く存在しない」と強い口調で断定している。ここでも佐藤氏は「「許し」など」と書くことによって、一方で「許し」に焦点をしぼり、他方で「など」によって曖昧にすることによって、問題を微妙にぼかして（ずらして）いる。ところが実は、マタイ一〇29の aneu tou の二語の間に、tes boules ブーレー（決断、意向）を挿入している異読が存在する（確かにブーレーは「許し」ではないが）。前に紹介した『オデュッセイア』二・三七二のブーレーを思い起こされたい。この異読を伝えているのはボハイル語（コプト語の一方言）訳と「多くの」ラテン語訳の聖書写本で、ギリシア語写本にはこの異読を伝えているものはないらしい。この異読の存在を脚註で明記しているのは、私の手許にあるものの範囲内では、Kurt Aland, *Synopsis Quattuor Evangeliorum*（2005）のみである。ネストレの二七版にも二八版にも出ていない。ということは、ネストレの古い版の脚註には出ていたが、ある版から削除されたのではないかと推測される。この異読は、ラテン語訳とボハイル語訳聖書写本のみならず、エイレナイオス『異端反論』二・二六・二（voluntas）と偽クレメンス・一二・三二にも認められるとのこと。これらの二―三世紀の教父たちの手許にあったギリシア語写本に、「父のみ心（ブーレー。意向？）によらなければ（～なしには）」とブーレー（ないしそれに類することば）が明記されていたことがうかがわれる。つまり佐藤氏の断言に反して、れっきとした異読が（外証としては弱いけれども）存在している（確かに明瞭に「許し」

ではないが）。上述のようにブーレーがなくても同じ含意があるが、ブーレーによって、それがより一層明瞭になる。

さらにマタイ一〇29の背景には、アモス書三5の「（一羽の）鳥は仕掛け（わな snare）なしに、地上に、わな（trap）に、落ちるだろうか？」がある。これはLXXでは「鳥（orneon）は鳥撃ちがいなければ（aneu ixeutou）地上に落ちるだろうか？」となっていて、aneuと「地上に落ちる（peseitai ... epi ten gen）」がマタイ一〇29と一致している。マタイ一〇29がこれを意識して踏まえている可能性はきわめて高い。

佐藤氏は、「和訳では軒並みに「許し」となった」背景を漢訳聖書に求め（たどり）、最後に結論として、「「権威」を帯びた或る訳が一定の解釈を打ち出すと、他の翻訳は無意識にもその支配力を受け続けるという代表例がここにある。その束縛から出るには「裸の王様」を見破った子どもの常識力が必要なのかも知れない」（『聖書を読む』一五四頁）と結んでいる。

なお、ここと関連する箇所として、マタイ六26の「空の鳥（ta peteina）を見よ」とルカ一二24の「カラス（tous korakas）のことをよく考えなさい」を、あわせて考えるのが適切であろう（ルカのカラスは同じ節の終わりの文では鳥（ta peteina）にかかわっている。日本語でも烏《からす》と鳥はそっくりでまぎらわしい。なお鳥に当たるギリシア語peteina［pl.］は、上述の「飛ぶ」「落ちる」という意味の語基に由来する。上述のように鳥は飛ぶものであると同時に落ちるものでもある）。以上で取り上げたマタイとルカの箇所がいずれもマルコにはないことを指摘しておく。マタイ六26とルカ一二24では空の鳥あるいはカラスが神さまの恵みの配慮の対象であることが明言されており（「神さまはそれらを養う」trephei）、ここも基本的に同じ趣旨であると考えるのが、自然であろう。

マタイ一〇29ではそれが一種の極限状況に（まで）あてはめられ（突き詰められ）ることによって、他の箇所にはない問題が生まれることになる（ルカは雀が「落ちる」ことに言及していないので、この問題とは基本的に無関係）。それは「（神の）摂理」とは何かという（摂理論の）問題であり、人間はなぜ苦しむのか、なぜこれほどに不慮の死（様々な災害や戦争や殺人・自殺などによる（理不尽な）死や苦しみ）が多いのか、という「神義論」の問題にもつながる。

佐藤氏もこれに同意して、「見た目には惨劇としか映らない事態のどこに救いがあるのか、ということ」、「ホロコーストのユダヤ人児童や、ガザの空爆で殺されたパレスティナ人の子供に救いなぞあるか、という問い」と言い換えて、「Q、マタイ、ルカのテキストは、それに対して断言的に肯定的な返事をしており、だからお前たちは勇気を出せ、と続けて」いるとのこと。従って、「父の許しなしに」とか「神の意志なしに」などと敷衍したのでは、「救済的なニュアンスが十分に現れない、むしろ反対に理解され」、「彼らを滅ぼすのが神の意志であった」云々という話になるとのこと。そして「許しなしに」と「敷衍して訳す人は、それがどのような釈義的意味合いなのか、とりわけこのQとマタイのコンテキストで説明しなければなりません」と結んでいる。ここから先は、本稿の趣旨（土俵）の範囲を超えるので、ここでは、佐藤氏も含めて読者と共に私自身も、さらに考えたいと記すにとどめることにする。この留保に対して佐藤氏は「不満」の意を表明している。

なお、インターネット情報によると、マタイ一〇29に基づく『幼児さんびか』（キリスト教保育連盟）一八番「神さまは軒の小雀まで」の原曲は、アメリカではHis eye is on the sparrowというタイトルで、一九〇五年に二人の白人が歌詞と曲を作ったとのことであるが、いつ頃からか、アメリカの黒人のゴスペルソング（?）の定番となり、黒人の愛唱歌となっているとのこと。彼らは、逆境の中にある（虐げられている）自分たちの姿を、地に落ちる雀の姿に重ねたものと思われる。

ところがこの曲を色々なヴァージョンで聴いてみたが、いずれも「神さまは軒の小雀まで」とは違う曲なので、さらに調べたところ、「軒の小雀」の原曲は、実は一八七四年のGod sees the little sparrow fall（Maria & Solomon Straub作）という別の曲であることが判明した。この曲のタイトルはProvidence（摂理）！

もう一つ、「ドナドナ」の歌が連想される。この一九三八年の歌詞は、ロシア生まれでポーランド在住のユダヤ人とウクライナのユダヤ人が、自分たちの、あるいはとりわけ子供たちの姿を、ほふり場へと荷馬車で連れて行かれる子牛（聖書の子羊に対応?）にたとえ、それを空を飛ぶツバメ（自由の象徴）の姿と対比させている。風が笑い続けて（笑いころげて?）いるともあり、風が何を象徴しているのか、気になる。この歌詞の原語はイディッシュ語で、しかも原詞は「ダナダナ」だということなので、これについてはさらに調べることにしたい。（これまでにドナドナの意味の調査が重ねられているが、ヘブル語アドナイ（我が主）に由来するか否かも含めて、現時点でははっきりとした答えは見つかっていない。）英語の歌詞にはswallowとsparrowの語呂合わせがあるように感ずる（歌詞にはsparrowは出てこないが）。雀にせよ、ツバメにせよ、鳩にせよ（カラスにせよ?）、小鳥として、厳密に区別しない場合もあるように思われる。

なおswallowには「ツバメ」と共に「のみこむ」という意味もあり、ヨナ書の（大）怪魚がヨナを呑みこむ話が連想される。また北欧の古い伝説では、ツバメは十字架の上を Svala! svala! = Console, console と鳴きながら舞うので、svalow = the bird of consolation と呼ばれることになった、とのこと（寺澤芳雄）。さらに全くの私見であるが、「ドナドナ」には有名なラテン語のフレイズ Dona nobis pacem（私たちに平和を与えてください）への暗示・ほのめかしが感じられる。

佐藤氏は、「ドナドナ」が、子羊を子牛に、ほふり場を市場にカモフラージュして、その無力さの哀しみをあたかも嘲笑しているように思えることから、この歌をイザヤ書五三章のパロディーのように考えている。さらに、処刑場へ向かうイエスの姿や、イエスがゴルゴタで人々の嘲笑にさらされたという場面にも、連想はつながるとのこと。

『幼児さんびか』所収の「神さまは軒の小雀まで」は、なぜか『こどもさんびか』（日本基督教団出版局、一九六六年一一月。一九八一年に第一八版刊行）には収録されていない。私が『こどもさんびか』にあるものと思い込んでいたのは、私の幼少期の版には入っていたためではないかと推測する。私の脳裏にこの曲が焼き付いていることが、この推測の一つの根拠・傍証である。(＊) あるいはこの記憶は『幼児さんびか』に由来するのかもしれない。ちなみに『幼児さんびか』と『こどもさんびか』は、色合いを含む装丁も判型も厚さもそっくりなので、実に紛らわしい。

（＊）日本基督教団出版局に確認したところ、「神さまは軒の小雀まで」は一九五三年の『こどもさんびか』に載ったのが最後とのこと。

シェイクスピアの『ハムレット』第五幕第二場の、There is a special providence in the fall of a sparrow

もこの箇所を踏まえている。ここでもprovidence（摂理）ということばが用いられていることが端的に示しているように、この箇所をもとに、人間が不慮の死をとげるのは、あるいは様々な（死ぬほどの、耐えがたいような）苦難に遭遇するのは、神の摂理によるという、伝統的な理解がある。摂理という一見ごく普通の当たり前のことば（ないし相当語）が、昨今の状況の中で余りにも問題の多い仕方で用いられている現実を目の当たりにすると、このようなことばの持つ意味内容について、改めて考え直さねばならないことを、痛感させられる。

主要参考文献・略号表（文中では適宜著編者名をもって略記している）

欧語文献

Bauer, W., *Griechisch-deutsches Wörterbuch zu den Schriften des NT und der früchristlichen Literature.*, 6. Aufl.（Berlin: Walter de Gruyter, 1988）

Beasley-Murray, George R., *John.*（Word Biblical Commentary 36, 1987, 1991）

Cockerill, G. L., *The Epistle to the Hebrews.*（Grand Rapids: Eerdmans, 2012）

Danker, F. W.（ed.）, *A Greek-English Lexicon of the New Testament and other Early Christian Literature.* 3rd ed.（The University of Chicago Press, 2000）

Davies, W. D. and Allison, D. C., *The Gospel according to Saint Matthew.* Vol. I: 1–7, Vol. II: 8–18.（ICC, London: T & T Clark, 1988, 1991. Paperback 2004）

Ehrman, Bart D., *Misquoting Jesus. The Story behind Who changed the Bible and Why.*（New York: HarperCollins, 2005）

Ehrman, B. D., *The Orthodox Corruption of Scripture. The Effect of Early Christological Controversies on the Text of the New Testament.* Updated and with a new Afterword.（Oxford U.P., 2011）

Ehrman, B. D. and Holmes, M. W. (eds.), *The Text of the New Testament in Contemporary Research*. 2nd ed. （Leiden/Boston: Brill, 2014）

GE = Franco Montanari, *The Brill Dictionary of Ancient Greek*. （Leiden/Boston: Brill, 2015）

LSJ = Liddel, Scott and Jones, *A Greek-English Lexicon*. （Oxford: Clarendon Press, 1996）

Marcus, Joel, *Mark 1-8, 8-16*. （Anchor Bible, New Haven and London: Yale U.P., 1999, 2000. Paperback, 2009）

Metzger, B. M. and Ehrman, B. D., *The Text of the New Testament*. 4th ed. （Oxford U.P., 2005）

Muraoka, T., *A Greek-English Lexicon of the Septuagint*. （Louvain: Peeters, 2009）

Muraoka, T., *A Greek ≈ Hebrew/Aramaic Two-Way Index to the Septuagint*. （Louvain: Peeters, 2010）

NRSV = New Revised Standard Version. （1989）

Porter, S. E., *How we get the New Testament.Text, Transmission, Translation*. （Grand Rapids: Baker Academic, 2013）

Porter, S. E. and Pitts, A. W., *Fundamentals of New Testament Textual Criticism*. （Grand Rapids: W. B. Eerdmans, 2015）

REB = Revised English Bible. （1989）

Tanakh = *Tanakh. A New Translation of the Holy Scriptures according to the Traditional Hebrew Text*. （The Jewish Publication Society, 1985）

Wegner, Paul D., *A Student's Guide to Textual Criticism of the Bible* （InterVarsity Press, 2006）

邦語文献

田川建三『書物としての新約聖書』（勁草書房、一九九七年）。

『図説』＝B・M・メッツガー『図説　ギリシア語聖書の写本』土岐健治監訳（教文館、一九八五年。英語原著は一九八一年）。

《著者紹介》

土岐健治（とき・けんじ）

1945年名古屋市生まれ。東京神学大学卒業。東京大学大学院西洋古典学専門課程博士課程修了。現在、一橋大学名誉教授。

著書　『新約聖書ギリシア語初歩』『楽しいラテン語』（共著）『旧約聖書外典偽典概説』『七十人訳聖書入門』（以上、教文館）、『初期ユダヤ教と聖書』（日本基督教団出版局）、『初期ユダヤ教の実像』『初期ユダヤ教研究』（以上、新教出版社）、『ヨナのしるし』（一麦出版社）、『死海写本――「最古の聖書」を読む』（講談社）ほか。

訳書　ヨセフス『ユダヤ戦記Ⅰ』『ユダヤ戦記Ⅱ・Ⅲ』（日本基督教団出版局）、フィロン『観想的生活・自由論』、M. ヘンゲル『イエスとパウロの間』、D. ボヤーリン『ユダヤ教の福音書』、J. テイラー『西洋古典文学と聖書』（以上、教文館）ほか。

共訳書　『殉教者行伝』『聖書外典偽典』（全9巻）、J. ボウカー『イエスとパリサイ派』、R. J. コギンズ『サマリア人とユダヤ人』、M. ヘンゲル『キリスト教聖書としての七十人訳』、偽フィロン『聖書古代誌』、レヴァイン／アリソン Jr.／クロッサン編『イエス研究史料集成』、E. P. サンダース『パウロ』『イエス』（以上、教文館）ほか。

監訳書　B. M. メッツガー『図説　ギリシア語聖書の写本』、E. M. クック『死海写本の謎を解く』、K. ベルガー『死海写本とイエス』（以上、教文館）ほか。

村岡崇光（むらおか・たかみつ）

1938年広島市生まれ。東京教育大学（現筑波大学）英文科卒業。同大学大学院言語学科博士課程中退。エルサレムのヘブライ大学にて博士号（Ph. D.）取得。英国マンチェスター大学講師、オーストラリアのメルボルン大学教授を経て、1991年オランダのライデン大学ヘブライ語教授に就任、2003年に定年退職。現在、同大学名誉教授。エルサレムのヘブライ語アカデミー名誉会員。ライデン郊外ウーフストヘースト在住。

著書　聖書語学、七十人訳聖書の分野で著書・論文多数（大多数は英語）。

訳書　『聖書外典偽典』（全9巻、共訳）、A. コーヘン『タルムード入門Ⅰ』（以上、教文館）、『旧約聖書〈14〉　ダニエル書 エズラ記 ネヘミヤ記』（岩波書店）ほか。

イエスは何語を話したか？

新約時代の言語状況と聖書翻訳についての考察

2016年4月30日　初版発行

著　者　土岐健治・村岡崇光
発行者　渡部　満
発行所　株式会社　教文館
〒104-0061　東京都中央区銀座4-5-1
電話 03(3561)5549　FAX 03(3250)5107
URL http://www.kyobunkwan.co.jp/publishing/
印刷所　株式会社　真興社

配給元　日キ販　〒162-0814　東京都新宿区新小川町9-1
電話 03(3260)5670　FAX 03(3260)5637

ISBN 978-4-7642-6110-5　Printed in Japan